鏡リュウジの世界のひとり占い

Self Divination

鏡リュウジの占い入門 6

RYUJI KAGAMI
鏡リュウジ

はじめに

シンプルな「占い」がもつ豊かさとロマン

この本を手に取ってくださったあなたは、きっと占い好きの方に違いありません。

頭の固い人の中には、「占いなんて」と眉をひそめる人もいるかもしれません。でも、僕は思うのです。

明日のこと、あの人の心、そしてあなた自身の可能性……期待に胸をふくらませて、見えない世界からのメッセージに耳を傾けることができる感性をもっているのが、占いを愛する人たちなのだ、と。

そしてその占いへの愛は、この世界がただただ機械的なものではなく、生き生きとした魂をもっているのだと感じる繊細な心から生まれてくるのだ、と。

占いの方法がない文化はおそらく、この世界にはないと思います。洋の東西を問わず、星に人の心を映す占星術は、実に高度に発達しました。比較的新しい占いであるタロットも、近代以降、さまざまな神秘思想が合流して極めて複雑な体系を構築するようになっています。

東アジアにおいては、易は単に実用的な占いとしてだけでなく、哲学思想として発展してきた側面もありました。

こうしてみると、占い師の先生が「占いは奥が深いんです」「学問なんです」と、ときどき、胸を張りたくなるのもわかる気がします。

けれど、そうした小難しいものだけが占いなのでしょうか。

学者ぶった、肩肘張ったシステムだけが占いの「本筋」なのでしょうか?

片思いの人を思いながらトランプをシャッフルするとき。ちょっとした明日の決断をするためにダイスを転がすとき。おみくじのような簡単な託宣を得るとき……これもまた素敵な占いではありませんか。

占いの専門家は、ときとしてこうしたゲーム的な占いを「雑占」と呼ぶことがあります。

まるで「正当」で「本流」の占いよりもランクが落ちる雑多な占い遊びだと言わんばかりです。

でも、考えても見てください。人類最初の占いはどんなものだったか。きっとそれは、骨のかけらを投げたり、ちょっとした予兆の中に明日へのメッセージを見ていた、ごくシンプルなものだったに違いありません。

占いは英語ではDivinationといいます。これは「神々とのコミュニケーション」といった含意があります。この目に見える世界以外の、何か見えない存在が、この目に見える世界の存在（トランプだったり星だったり、体のしるしだったり…）を通じて僕たちにメッセージを送ってくれている。そのメッセージを象徴というかたちで読み解くこと、これが占いのエッセンスではないでしょうか。

そしてそうした兆しの言葉は、きっと学者たちだけに通じる複雑なものではなくて、子どもにもわかるシンプルで純粋なものではないかと思うのです。

人類は、きっとそうした見えない世界からのメッセージに心を開く知性を身につけたとき、はじめて知性ある人類になりました。

石器時代の人類たちが感じていたであろう、未来への兆しへの興奮は現代人の僕たちの間にも生きていると思うのです。

この本では、世界中で知られているごくごく簡単な占い遊びを集めてみました。

その方法は実に簡単です。そして、ひとりで楽しめるものばかり。

そして、そのシンプルさのなかに、「占い」というものがもつ、豊かさとロマンが存在しているのだと、僕は信じています。

ぜひ、この本で占いの楽しさと本質を味わっていただければ幸いです。

鏡リュウジ

鏡リュウジの入門 6

鏡リュウジの世界のひとり占い

目次

はじめに
シンプルな「占い」がもつ豊かさとロマン …… 2

1 ピュタゴラスの輪 …… 10
〜ルネサンス時代の人気占い。ピュタゴラスナンバーが未来を予測

2 ジオマンシー占い …… 24
〜アラブを発祥とするヨーロッパ版易占い

3 コイン占い……34
～古代中国生まれの「易」をコインで占う

4 ルーン文字占い……46
～古代北欧生まれの魔法の文字占い

5 ルノルマンカード占い……62
～ドイツで占い用に販売したのが始まり。伝説のカード占い

6 指紋占い……78
～古代インド・中国で性格や運命を探った伝承の占い

7 トランプ占い……94
～タロットとは兄弟関係。もともとはゲーム用だった！

こんな「ひとり占い」も

1 ピュタゴラスの輪

導かれた数字に、
あなたの未来が映し出される
古きよき伝統的な占い

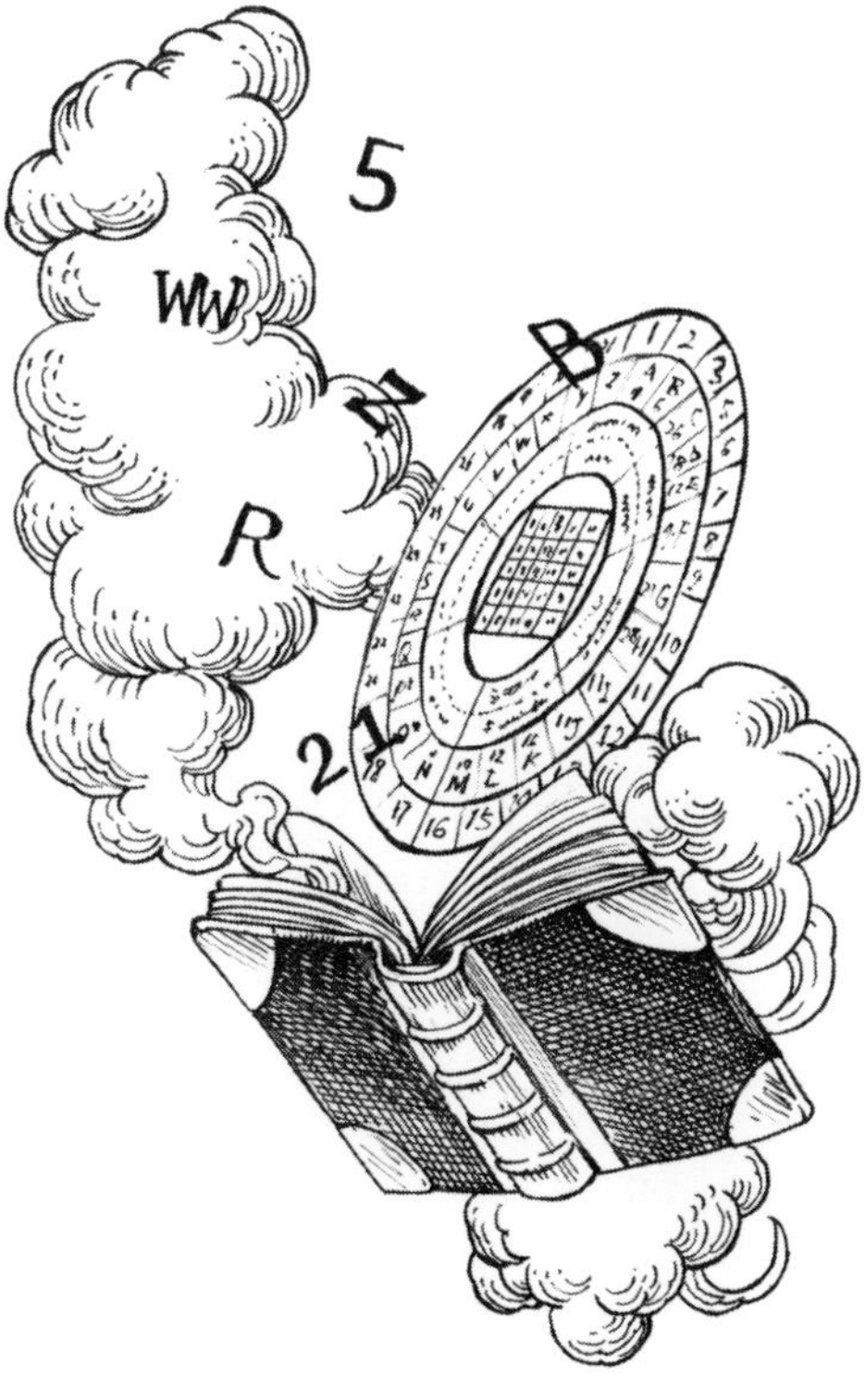

1 ピュタゴラスの輪

～ルネサンス時代の人気占い。ピュタゴラスナンバーが未来を予測

計算から導き出される運命「ピュタゴラスの輪」

「ピュタゴラスの輪」とは、十九～二十世紀初頭、ヨーロッパを中心にとても人気の高かった、数字を用いた占いの一つ。心に浮かんだり、引き当てたりした数に、その日の月齢、曜日、名前などを数に変換して加えていき、最終的に導き出された数字「ピュタゴラスナンバー」が、あなたの質問に対する答えとなります。

この占いの製作者や起源は不明ですが、種村季弘氏（ドイツ文学者、文芸評論家）によると、十六世紀、ドイツのフィリンゲン生まれの医学博士ゲオルグ・ビクトリウスが言及、解説しているそうです。もしこれが本当なら、ピュタゴラスの輪の占いの歴史はルネサンス時代にまでさかのぼることになります。

ただ、僕が実際に目にした占い関係の古書で「ピュタゴラスの輪」やそれに類する占いが具体的

なかたちで登場するのは、十九世紀に入ってからのこと。その一つが、一八三五年にロンドンで出版されたカラーの口絵つきの占い書『ラファエルの魔女』（下記の写真参照）。約百八十年前に作られたこの書物は、まるでファンタジー世界に登場する「魔法の書」そのものです。

また、二十世紀にグランド・オリエントという人物によって書かれた占い書『カード占いとオカルト占い』にも、ほぼ同じ占い方法が掲載されています。このグランド・オリエントという謎の作者の正体は、現在世界でもっとも普及している「ウエイト＝スミス版タロット」の製作者であり、古典語にも精通した学者でもあるアーサー・ウエイト氏でした。

なお、古代ギリシャの哲学者、数学者の名前「ピュタゴラス」という名前がついていますが、実際にはこの占いと関係ありません。この占いを作った人が、権威を象徴するために、古代の数学者の名前を借りたのでは、と考えられています。

時代を経てもなお、人々の心や暮らしに百年以上も寄り添い続けてきた「ピュタゴラスの輪」。この古きよき伝統的な占いを紐解き、運命の扉を開いてみましょう。

「ピュタゴラスの輪」
実在した魔法の書

写真は1935年にロンドンで出版された『ラファエルの魔女』。本の中にはところどころに使用者の書き込み跡や名前が見つかります。約180年前に作られた本ということもあり、味わい深さを感じます。

占い方

「バースデーナンバー」、「イニシャルナンバー」、「曜日ナンバー」、「惑星ナンバー」、「ミスティカルナンバー」という5つのナンバーを〈図A〉から導き、足していきます。用意するものは計算するための紙とペンだけ。心を落ち着かせ、準備が整ったらナンバーを導き出しましょう。

① **質問を選ぶ**

左ページの七つの質問「幸運」「願い」「結婚」「イニシャル」「転職」「人間関係」「金運」の中から、今、あなたがもっとも知りたい質問を選びます。

② **1 バースデーナンバーを出す**

あなたの生まれた日にちを出します。それがあなたのバースデーナンバーです。

③ **2 イニシャルナンバーを出す**

自分の下の名前のイニシャルを出し、〈図A〉から対応する数字を出します。

④ **3 曜日ナンバーを出す**

占っている今日の曜日に対応している数字を〈図A〉から出します。月曜→52、火曜→52、水曜→102、木曜→31、金曜→68、土曜→55、日曜→106です。

⑤ **4 惑星ナンバーを出す**

今日の曜日に対応する惑星の数字を〈図A〉から出します。月曜（月）→45、火曜（火星）→39、水曜（水星）→114、木曜（木星）→78、金曜（金星）→45、土曜（土星）→55、日曜（太陽）→34です。

⑥ **5 ミスティカルナンバーを出す**

目を閉じて、〈図A〉ピュタゴラスの輪の中心になる四角い枠の中をめがけて、ペンを突き立てましょう。ペン先が指している数字がミスティカルナンバー。ペンが枠から外れた場合、もう一度チャレンジしてください。

⑦ **ピュタゴラスナンバーを出す**

最後に、②～⑥の数字をすべて足します。そこから30を引き、30以下になるまで引き続けましょう。最後に出た数字が、あなたの運命を導くピュタゴラスナンバーになります。

⑧ **「結果」をチェックする**

〈表1〉を確認し、①で選んだ質問と、⑦で出たピュタゴラスナンバーが交差した場所にあるアルファベットに注目！　それが「結果」になります。左ページの実例を参考にしてください。

七つの質問

本来、ピュタゴラスの輪では多くの答えを導き出せます。本書では七つの質問に焦点をしぼり、あなたがもっとも今気になる質問をセレクトしましょう。何度占っても問題ありませんが、新月か満月の日に行えばさらに的中率がアップします。

質問1「幸運は近づいていますか？」

質問2「私の願いはかないますか？」

質問3「結婚はどうなるでしょう？」

質問4「愛すべき人のイニシャルは？」

質問5「転職はうまくいきますか？」

質問6「イマイチの人間関係、改善されますか？」

質問7「この先、金運はどうでしょう？」

例

① 質問2「私の願いはかないますか？」を選択。

② 誕生日が 10 月 23 日 → **バースデーナンバーは「23」**。

③ 名前は「彩子《あやこ》」→ イニシャルは「A」。〈図A〉のイニシャルナンバーから「A」を探します。対応する**イニシャルナンバーは「4」**。

④ 今日は「月曜日」→ **曜日ナンバー「52」**。

⑤ 今日は「月曜日（月）」→ **惑星ナンバー「45」**。

⑥ **ミスティカルナンバーは「13」**。

⑦「23」+「4」+「52」+「45」+「13」= **「137」**。
137 − 30 − 30 − 30 − 30 = 17、つまり**ピュタゴラスナンバー「17」**。

⑧ 質問2を選択し、ピュタゴラスナンバーが「17」→ **交差するアルファベットは「S」**。
結果は 17 ページの「S」になります。

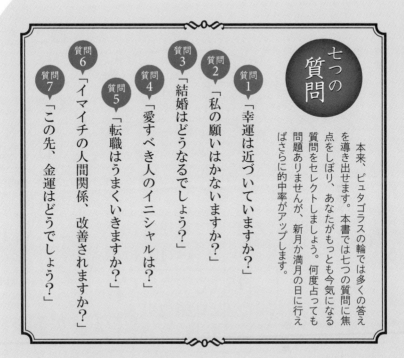

〈図A〉

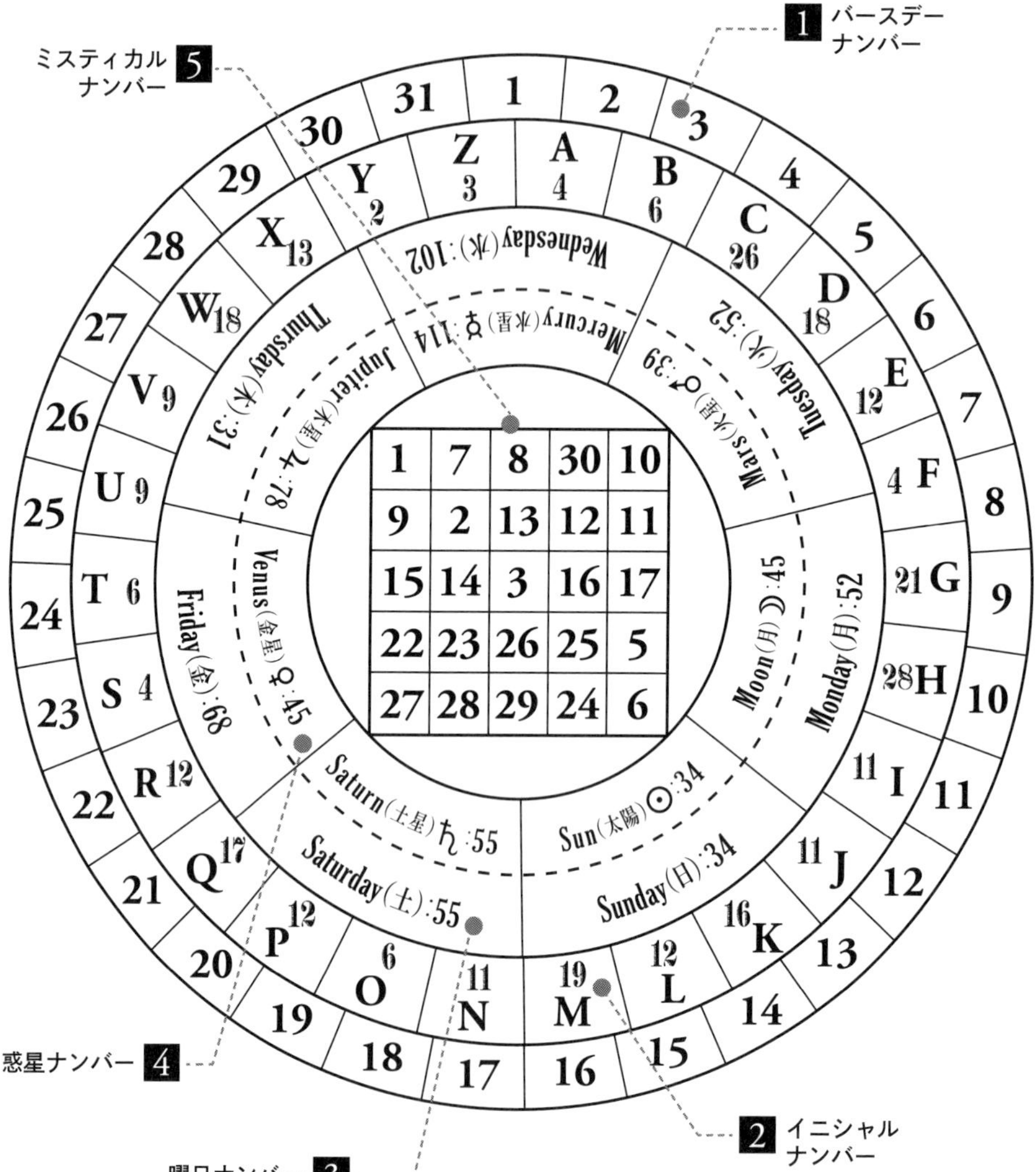
1 バースデーナンバー
2 イニシャルナンバー
3 曜日ナンバー
4 惑星ナンバー
5 ミスティカルナンバー
Wednesday(水):102
Mercury(水星)☿:114
Tuesday(火):52
Mars(火星)♂:39
Monday(月):52
Moon(月)☽:45
Sunday(日):34
Sun(太陽)☉:34
Saturday(土):55
Saturn(土星)♄:55
Friday(金):68
Venus(金星)♀:45
Thursday(木):31
Jupiter(木星)♃:78
1 7 8 30 10
9 2 13 12 11
15 14 3 16 17
22 23 26 25 5
27 28 29 24 6

〈表1〉

ピュタゴラスナンバー	質問 1 幸運は？	2 願いは？	3 結婚は？	4 イニシャルは？	5 転職は？	6 人間関係は？	7 金運は？	ピュタゴラスナンバー	質問 1 幸運は？	2 願いは？	3 結婚は？	4 イニシャルは？	5 転職は？	6 人間関係は？	7 金運は？
1	A	C	R	D	P	J	B	16	P	R	C	S	A	Y	Q
2	B	D	S	E	Q	K	C	17	Q	S	D	T	B	Z	R
3	C	E	T	F	R	L	D	18	R	T	E	U	C	WW	S
4	D	F	U	G	S	M	E	19	S	U	F	V	D	XX	T
5	E	G	V	H	T	N	F	20	T	V	G	W	E	YY	U
6	F	H	W	I	U	O	G	21	U	W	H	X	F	ZZ	V
7	G	I	X	J	V	P	H	22	V	X	I	Y	G	A	W
8	H	J	Y	K	W	Q	I	23	W	Y	J	Z	H	B	X
9	I	K	Z	L	X	R	J	24	X	Z	K	WW	I	C	Y
10	J	L	WW	M	Y	S	K	25	Y	WW	L	XX	J	D	Z
11	K	M	XX	N	Z	T	L	26	Z	XX	M	YY	K	E	WW
12	L	N	YY	O	WW	U	M	27	WW	YY	N	ZZ	L	F	XX
13	M	O	ZZ	P	XX	V	N	28	XX	ZZ	O	A	M	G	YY
14	N	P	A	Q	YY	W	O	29	YY	A	P	B	N	H	ZZ
15	O	Q	B	R	ZZ	X	P	30	ZZ	B	Q	C	O	I	A

質問1 「幸運は近づいていますか？」

現在のあなたの運気を占います。どのような幸せが近づいているか、
あるいは注意すべきことはなんでしょうか。やってくる幸運を逃さずにキャッチしましょう！

A
生活に困ることはなさそうです。欲しいものが手に入り、理想的な暮らしができるでしょう。

D
目先の欲にとらわれないように。一時的に何かを失っても、代わりに大きなものを得られます。

G
身の回りの変化が激しいですが、幸運の風に乗っています。これまでよりもいい状況になります。

J
浮き沈みが激しいとき。落ち込んだり何かを失ったりしても、大きな喜びや祝福を得られます。

M
苦労や心配事が増えそうなので、何かに取り組むときは要注意。「集めすぎる」とよくない暗示も。

P
異性からの甘い誘惑にはご用心。やるべきことを優先しないと、大きな損をしてしまうかも。

S
運気の流れは少々不安定。時間が経てば状況は好転するので、今はおとなしく流れに身を任せて。

V
幸運はあなた自身の手で掴み取るもの。学びを深め、知識を蓄えれば願いはかなえられます。

Y
困難や障壁が多い時期ですが、乗り越えた先には幸運が待っています。強い意志を貫きましょう。

XX
今取り組んでいることのプランを見直したほうがいいかも。備えておけば困難を突破できます。

B
変化が訪れようとしています。安定した状況を望むより、変化を楽しむことを考えましょう。

E
ラッキーが次々に舞い込むので、行動するチャンス。ただしあなたを妬む存在には注意して。

H
男性なら、夢に向かって全力で取り組んで。女性なら、恋心が道を阻む障壁となる可能性も。

K
厳しい状況が続きますが、今は我慢のとき。忍耐強く前に進めば、輝かしい成果を得られます。

N
自信をもって大丈夫。やってみたいと思っていたことにチャレンジすれば、成功間違いなしです。

Q
好奇心をもって取り組むものは成功します。飽きたり、仕方なくやったりしているものは要注意。

T
地道な努力が着実にあなたの力となります。今、頑張れば、あなたの成果は後世に残ります。

W
実力に見合った成果や評価を得られます。分相応をわきまえ、今は高望みしすぎないように。

Z
まもなく幸運は訪れますが、お金や物など物質的な成功にばかり目を向けると運気はダウン。

YY
簡単に諦めないで。今はうまくいかなくても、コツコツ続ければ必ず幸運が味方をしてくれます。

C
3ヵ月ほど前から考えていることは、見直したほうがよさそう。期待通りにはいかないかも。

F
挑戦意欲が湧くような新しいことを始めるとラッキー。思いがけない展開が待っていそうです。

I
難しい試練が待っていますが、素晴らしい結果を得られます。大切な宝物が得られる暗示も。

L
「棚からぼたもち」のようなラッキーが訪れますが、それは一時的なもの。努力を怠らないで。

O
周囲があなたの足を引っ張ろうとしているかも。自分の内なる意志と正義の心を思い出して。

R
感情的になると運気はダウン。迷ったときは、理性と常識があなたを成功に導いてくれます。

U
3年後に目標を定めて。長期的な計画を立てて取り組めば、あなたの夢や理想は実現します。

X
他人の評価を基準にしたり、家族と自分を比較したりするのはNG。人生の主役はあなたです。

WW
心配事は杞憂に終わります。予想以上に大きな幸運がやってきて、周囲も驚くほどの成功者に。

ZZ
波乱の運気。ツイてないと思うことが続きますが、それは一時的なもの。今はじっと耐えて。

「私の願いはかないますか？」 質問2

あなたの願い事は、無事にかなうのでしょうか？　また、願いをかなえるため今のあなたに必要なことはどんなことでしょうか？　さあ、答えを見てみましょう。

A
黄色信号。軽率な言動が失敗を招くおそれがあるため、細心の注意を払って取り組みましょう。

D
大きな障害が3～4つひかえています。仕事、友情、お金の願いは吉兆ですが、恋は暗雲の兆し。

G
一度の失敗で諦めないで。四度目で成功する兆しですから、自信をもってトライし続けましょう。

J
運気は少々停滞気味。願いが成就するにはもう少し時間が必要なので、諦めずに続けてください。

M
派手に動くと暗雲が立ち込めそう。いつも以上に慎重に行動すれば、トラブルを避けられます。

P
隠された障害や思惑などがあるかも。妨害されないように、真摯な気持ちで取り組んでください。

S
今は不安な気持ちになるかもしれませんが、流れに身を任せて。うまくいく方向に進んでいます。

V
とても素敵なことが起こり、あなたの願いがかなうかも。リラックスして自然な行動を心がけて。

Y
多くを望みすぎてはダメ。本当にかなえたい願い事は1つに絞り、集中して取り組みましょう。

XX
試練や困難は待ち受けていますが、問題ありません。幸運の風が吹き、成功に導いてくれます。

B
願いがかなうまでしばらく時間が必要。言い争いが生じるかもしれませんが、信念を貫いて。

E
いい話が舞い込みそう。お金や財産についてはラッキーですが、恋や結婚については慎重に。

H
1週間以内に、あなたの願いの行方を決める何かが起こる可能性が。今から心の準備をして。

K
今のままでは望みは薄いでしょう。願いをかなえるために必要なことは何か、もう一度考え直して。

N
「善は急げ」と星は告げています。思い立ったらすぐに行動すれば、いい結果を掴み取れます。

Q
仕事、引っ越し、旅行の願いはかなうでしょう。特に仕事は吉兆です。恋については我慢のとき。

T
しばらくは厳しい時期が続きますが、未来は明るいです。今の苦労がのちに大輪を咲かせるでしょう。

W
失敗を恐れなければ大丈夫。あなたの願いをかなえるため、星々が力を貸してくれるでしょう。

Z
ラッキーに頼らず、願いをかなえるのはあなた次第。不安要素は1つずつ取り除いていきましょう。

YY
じっくり時間をかければ、大きな山を乗り越えられます。諦めず、その先に待つ未来を信じて。

C
58日以内に成功が待っている兆し。願いをかなえたあとのステップを今から考えておいて。

F
願望成就に向けて、正しい道を走っています。ただし、周囲にいる33歳、41歳の人にはご用心。

I
願いをかなえるには忍耐が必要。今は失敗しても、この山を越えればいいことが待っています。

L
あなたの望みはあまり現実的とはいえないかも。固執せず、いろいろな道を考えてみましょう。

O
3つの高いハードルを越えれば勝機があります。赤い髪や赤ら顔の人に邪魔されないように注意。

R
あなたを妨害する存在が現れるかもしれませんが、大丈夫。自信をもてば願いは成就します。

U
このまま突き進むと、ほころびが生じそう。理想を描くことも大事ですが、もっと現実を直視して。

X
成就までの道のりはたやすくありません。しかし諦めず、コツコツ努力していけば大成します。

WW
考えすぎて腰が重くなってはいませんか？　まずは行動あるのみ。あなたが動けば状況も動きます。

ZZ
心配事は杞憂に終わります。今は考えるよりも行動に移したほうが、好機を掴みやすいでしょう。

質問3 「結婚はどうなるでしょう？」

あなたの結婚運について見ていきましょう。どのような相手と結ばれるのか、
結婚後はどのような暮らしになるのか……といった具体的なことも明らかになります。

A
男女ともに恵まれた結婚運。背が高く、髪の色が美しい人があなたのパートナーになります。

B
少し高望みしすぎかも。理想に縛られず、少しでも「いいな」と感じる人を大切にしてください。

C
明るく頼れる人が運命の相手。結婚直後に小さな問題はありますが、楽しい結婚生活になりそう。

D
子孫繁栄の暗示で、豊かな人生を謳歌できるでしょう。ありのままのあなたを見てくれる人がいます。

E
運気は停滞気味。不誠実なことが起こる暗示なので、厄介な人と関わりをもたないようにして。

F
憧れている人、尊敬している人にはあなたからアタックを。その人と結ばれて幸せな結婚生活に。

G
優柔不断気味なあなた。悪い異性に引きずられる暗示なので、結婚相手は信頼できる人に相談を。

H
モテ期が到来し、異性から注目されそう。あとで後悔しないよう、結婚相手は慎重に選びましょう。

I
あなたの優しさは多くの異性を惹きつけますが、好みでない異性に迫られたらきちんと断って。

J
今がつらい状況でも安心してください。心の底から愛する人と、幸せな結婚が約束されています。

K
結婚に不安を覚えていても大丈夫です。あなたの想像以上に素晴らしい結婚生活が待っています。

L
理想を追い求めすぎると結婚に至らないかも。相手のいいところも悪いところも受け入れる覚悟を。

M
結婚運はありますが、今は積極的なアプローチは避けたい時期。ゆっくり2人の絆を深めていって。

N
比較的背の高い人と結ばれそう。進展はゆっくりですが、結婚を視野に入れた交際をすると◎。

O
年上のしっかり者と爽やかで若い人と、結婚のチャンスが2回訪れます。選ぶのはあなた次第。

P
結婚願望はあっても真剣モードではないかも。真剣に結婚する気になれば、運命の人が現れます。

Q
3人の異性からプロポーズされるでしょう。中でも知的で黒い瞳が印象的な人と結婚することに。

R
運命の人は、友人や職場の中などごく身近な存在です。それに気づけば結婚の女神が微笑みます。

S
仕事柄、移動の多い人と結婚することになるかも。駅、空港、旅行先などが運命の人と出会う場所。

T
これまで出会ったことのないタイプと結ばれそう。その人はあなたを必ず幸せにしてくれます。

U
同じ職場など仕事で知り合った人と幸せな結婚ができそう。すでに出会っているかもしれません。

V
ユーモアがあり落ち着いた人と結ばれます。喧嘩もありますが結婚生活を後悔することはなさそう。

W
出会いを求めるなら積極的に遠出しましょう。背が高く容姿が美しい人と結ばれる可能性が大。

X
運命の人は初対面ではピンと来ないかも。交際中も苦労が多いですが、安定した結婚生活を送れます。

Y
結婚生活は相手の経済面に陰りが見られます。苦労を共にする覚悟があなたにあれば、大丈夫。

Z
外見はいいが価値観が合わない人、平凡でもお金持ち、尊敬できる人。この3人と結婚のチャンス。

WW
親から才能や仕事を受け継ぎ、少し色黒で深い色の瞳をもつ人に、幸せにしてもらえるでしょう。

XX
裕福な年上の人と結婚しそう。外見やステイタスに惹かれているだけなら、本質をよく見極めて。

YY
妥協して結婚を焦ると後悔します。あなたが本当に結婚するべきはずの相手は、賢く忍耐強い人です。

ZZ
年上で、人生経験が豊富で聡明な人と結ばれそう。その人の嫉妬深さや周囲のやっかみにご用心。

「愛すべき人のイニシャルは？」 質問4

キーパーソンとなる人のイニシャルがわかれば、出会ったときにピンと来るでしょう。
イニシャルはニックネーム、ハンドルネーム、所属している会社などの可能性も。

A
ＴかＬがつく人と縁が深いでしょう。相手に夢中になりすぎて、自分を見失ってしまう暗示も。

D
Ｅの人が近づいてきたら距離を置きましょう。Ｑの人となら、出会ってすぐ意気投合できます。

G
注意すべきはＤの人。名前が個性的なら恋人にするのは避けて。幸せな恋を望むならＲの人が有望。

J
Ｏの人と出会った時は少し注意しましょう。大切なパートナーを探しているならＦの人が有望。

M
Ｅの人と恋人になったり結婚したりする可能性が大。Ｐがつくニックネームの人には、要注意。

P
幸せをもたらしてくれるのはＭの人。一方、Ｒのつく人が接近してきたら、気をつけるように。

S
Ｅの人となら愛に満ちた生活を送れます。警戒すべきはＦの人で、向こうから近づいてくるかも。

V
Ｆの人とは、一目惚れや初対面で意気投合するほど相性がいいでしょう。注意したいのはＴの人。

Y
恋人ならＢがつく名前か、アドレスやアカウント名にＢがつく人。一方、ＦとＧの人は警戒を。

XX
ＨかＩのつく特に長い名前の人は最高の相性！　幸せな恋や結婚ができますからアプローチして。

B
Ｃがつく人が接近してきたら要注意。あなたと恋に落ちるのはＥで、その人の名前は短いはず。

E
あなたを振り回す危険なタイプはＹかＺの人。恋人になれそうなのはＡの人。すぐ近くにいそう。

H
恋人や結婚相手なら、あなたに幸せを運ぶＩかＥの人がおすすめ。注意したいのはＶかＷの人。

K
Ｌがつく短い名前やＬのつく団体のメンバー、ハンドルネームの人はキーパーソン。Ｕにも注目を。

N
スムーズに恋人関係になれそうな、ＹかＶがつく人が恋人候補。その人から接近してくるかも。

Q
あなたを誘惑し、振り回す可能性が高いＳの人にはご用心。結婚相手なら、ＩかＪがおすすめ。

T
恋人や結婚相手ならＲの人が◎。あなたから声をかけてみましょう。注意すべきはＷの人です。

W
恋人候補ならＤの人。周囲にも祝福されそうです。注意したいのはＬがつく名前やハンドルネーム。

Z
恋人や結婚相手ならＨの人。衝突もなく良好な関係を築けます。仕事やお金のことならＮの人が吉兆。

YY
Ｏの人はあなたを優しい愛情で包み込んでくれます。一方、ＮかＲの人は悪だくみをする可能性が。

C
真剣に恋をする相手は、Ｗがついています。Ｖのつく会社やサークルに所属している可能性も。

F
恋人にするならＩの人が◎。注意すべきはＬの人。Ｌがつく組織に属している人も注意しましょう。

I
スムーズに恋が始まりそうなのはＥの人。意外と近くにいそうです。注意すべきはＩかＤの人。

L
Ｂの人には要注意。初対面の印象はＯＫですが、一定の距離を保って。恋人候補にするならＤの人。

O
３人からアプローチされそう。警戒すべきは名前が長いＯの人。エネルギッシュな人が運命の相手。

R
運のいいあなたはどのイニシャルの人とでも仲良くなれますが、恋や結婚となるとＤの人が有望。

U
ハンドルネームやメールアドレスにＣがつく人と深い縁があるでしょう。警戒すべきはＥの人。

X
Ｓの人と結ばれる可能性が高いでしょう。Ｐが名前やニックネームのどこかにある人は避けて。

WW
将来のパートナーはＷかＶ。警戒すべき相手はＡで、中途半端な関係になる可能性が高そう。

ZZ
Ｓの人とは末長く幸せな結婚生活を送れます。警戒すべきはＰに関する人で、恋は破綻するかも。

質問5
「転職はうまくいきますか？」

あなたの現在の仕事運をチェック。今の職場を動くベストなタイミングや、
希望の転職先に行けるかどうか、あるいは起業や独立の時期についても見ていきましょう。

A
あなたを引き立ててくれる人がいそうです。よい縁をたどっていけばいい仕事に巡り合えそう。

B
転職や独立は時期尚早。まずは自分のスキルをアップさせることを考えたほうがよさそうです。

C
好調な仕事運です。やりがいがある仕事や」、あなたらしさが生かされる仕事に当たりそうです。

D
転職にはいいチャンスです。今よりも自分の時間を大切にできる仕事なら、おすすめできます。

E
以前からやりたかったことなら、ぜひ飛び込んでみて正解です。突然出てきた話なら、要注意。

F
悪縁の可能性もあるので、すぐ決断しないように。うまい話には裏があると考えたほうがよさそう。

G
仕事に関して小さなチャンスがありそう。それをものにできるかどうかはあなたの努力次第。

H
好調な仕事運。幸運に恵まれ、昇給など大きなチャンスにつながるでしょう。思い切って行動を。

I
仕事運はダウン。問題含みで、今動き始めると周囲とのあつれきや摩擦が起こる危険性がありそう。

J
職場や仕事相手と意見の対立が起こりやすいとき。話が進むにつれて、すれ違いが起こりそう。

K
金銭的にメリットのある仕事との縁がありそう。ただし今よりもっと忙しくなるかもしれません。

L
高望みしすぎていませんか？ 地に足のついた判断をすることが大事です。冷静に考えましょう。

M
直近の話ではなく、この次に来た話のほうがよりいい条件の可能性も。転職先は焦らずに探しましょう。

N
ちょっと焦りすぎかも。まだ動くときではありません。自制することが今は安全かもしれません。

O
すべてにおいていい話というのはありません。仕事をするうえであなたにとって何が重要か考えて。

P
安定した仕事運です。転職するなら、あなたが主導権を握れるようなところがおすすめです。

Q
今の仕事が飽きているなら転職はOKですが、収入アップにつながり、安定したものであれば◎。

R
思い切って転職するというより、副業やダブルインカムといった方向で考えてみてもいいかも。

S
仕事にエネルギーを注ぎすぎるよりも、プライベートな生活や自分のペースを大事にしたいとき。

T
転職するなら、あなたの創造性を活かせる方向で考えましょう。ただし野心を持ちすぎてはダメ。

U
今はまだ冒険のときではありません。今の仕事をコツコツと続けていくことをおすすめします。

V
新しい仕事を探すなら、ファッション、アート、デザインなどに関することであればおすすめです。

W
今は冒険せず慎重に行動しましょう。リスクが高い仕事や転職先は避けたほうがよさそうです。

X
海外や語学に関する新しい仕事に縁がありそうです。また、目標を高くもつこと。

Y
今のポジションよりも高いステイタスの仕事に就けそうです。責任感が重要となってきます。

Z
転職を通じて、新しいコネクションが広がりそうです。横のつながりから新たな可能性が生まれそう。

WW
奉仕的な仕事になら、チャンスがありそうです。ただ、甘い話の可能性もあるので注意して。

XX
仕事運は停滞気味。今はあなたには不利な状況かもしれません。時間をかけてじっくりと検討して。

YY
とてもいい条件が出てくる可能性があります。起業や独立も◎。目標を下げないのがポイント。

ZZ
アグレッシブに、あなたから行動を起こすようにしましょう。攻めの姿勢でいけば成功します。

「イマイチの人間関係、改善されますか？」 質問6

家族や友人、職場の関係などの人間関係で気をつけたいことや、
コミュニケーションを円滑にするアドバイスをピュタゴラスの輪が教えてくれます。

A
同級生など、昔からの知り合いからよい影響を受けそうなとき。迷っているなら相談してみて。

D
対立が表面化します。どうしても話し合わなければならないことがあるなら、覚悟を決めましょう。

G
コミュニケーションに焦りは禁物。ゆっくりと関係性を深めていけば、やがて絆が生まれます。

J
普段はそんな柄ではなくとも、あなたがリーダーシップを取ることで、人間関係が好転していきます。

M
たくさんのコネクションを作るより、あなたがほっとできるいつもの仲間を大事にしてください。

P
精神的に支えてくれる大事な人とのつながりができそう。もしかしたら周囲に運命の相手がいるかも。

S
尊敬から始まる人間関係に幸運のカギ。あなたの身近にいる先輩やすごいと思う人を大事にして。

V
人間関係に疲れているのかもしれません。空いた時間はできるだけ自分自身の時間を作りましょう。

Y
出会い運が好調。一緒にいろいろなことを楽しんだり、遊べたりするような人と出会えるときです。

XX
今は誰かのケア役、マネージャー役に回るのがいいときです。周囲に感謝され、信頼が高まります。

B
出会いが大きく広がっています。素敵なことが待っているでしょう。憧れの人と接近できるかも。

E
あなたを助けてくれる人が現れそうです。今は、素直に甘えてもいいときかもしれませんよ。

H
公私混同するとダメなとき。親しい関係であっても、自分の中で冷静さをきちんと保って接して。

K
運が味方してくれます。一緒に食事やお茶をする機会を増やせば、仲良くなっていけるはずです。

N
あなたの長所を認めてくれる人が今のあなたのキーパーソン。そばにいれば自信をもらえます。

Q
少々波乱含み。秘密の関係が生まれそうな予感です。また、この時期のお金の貸し借りはNG。

T
個性的な友人が今のあなたのキーパーソン。ユニークな人とのつながりが大事なときでしょう。

W
あなたの人生に大きな利益をもたらしてくれる人と出会えそう。アンテナを張り巡らせておいて。

Z
お互いの好奇心や向学心を刺激し合えるような人とのつながりが大切。勉強会や朝活なども◎。

YY
素敵な人と出会える可能性が高いでしょう。その人とはこの先も長くつき合うことになりそう。

C
いろいろなトラブルが起こりやすい時期。苦手な人とは距離をとっておいたほうがよさそう。

F
意見が合わなくても、あなた自身の価値観や考えを大事にすることがカギです。流されないで。

I
あなたの人生を開いてくれる人との出会いがありそうです。心をオープンにして接してください。

L
メールや電話など、コミュニケーションを密にとっていくことが人間関係のポイントでしょう。

O
やってもらったことに関してはしっかりお返しする、ギブ・アンド・テイクの関係を意識して。

R
あなたの世界を広げてくれる、精神的に大人の人が現れそうです。ぜひ接近してみてください。

U
心の優しい人との出会いがありそう。お互いに本音を打ち明け合うことで、絆が深まります。

X
喧嘩やトラブルの可能性が高い時期です。危ない気配がしたら、とりあえず謝っておきましょう。

WW
人気運が高まっています。あなたが主役になれますから、自分をどんどんアピールしていきましょう。

ZZ
腐れ縁になりやすかったり、面倒なことに巻き込まれたりしそうな暗示が。くれぐれも注意して。

質問7　「この先、金運はどうでしょう？」

あなたはコツコツ貯めていくタイプ？　それとも一攫千金タイプ？
あなたの生まれもった金運や、財運をチェック。ギャンブル運なども見てみましょう。

A
金運は絶好調！　幸運に恵まれるだけでなく、あなたの実力がきちんと評価されて昇給の可能性も。

D
お得な情報を集めていくことが金運を上昇させるカギです。ネットから気づきを得られる暗示も。

G
金運は低迷期。しっかりとしたお金の管理が重要なときなので、帳簿や通帳はマメに記帳すること。

J
お金に対して気持ちが大きくなりすぎていませんか？　どんぶり勘定だと予算オーバーに。

M
金銭面で、あなたにつけ入ろうとしている人がいるので要注意。うまい話には決して乗らないで。

P
あなたの努力がそのまま収入に直結するとき。パワーが満ちているので多少の無理も問題なしです。

S
あまりいい金運ではありません。見栄のためにお金を使うのではなく、必要なことをよく見極めて。

V
親しい間でもお金のやりとりは厳禁な時期。お金を貸してくれといった頼まれ事には乗らないで。

Y
なくしものや何かの故障などで、予想外の出費につながる恐れが。懐が少し寂しくなりそう。

XX
お金に関してルーズになっているかも。「棚からぼたもち」を期待せず、真っ当な方法を考えて。

B
お金の出入りが激しいときです。たくさん稼ぐことができても、出ていくものも多いでしょう。

E
外食をやめてなるべく家で食事をしたり、人を招いたりして。そのほうが金運も他の運もアップ。

H
交際費が思いがけない出費となるかも。その分、どこかで帳尻を合わせる必要がありそうです。

K
安いものを次々に買い換えていくのではなく、よいものを長く使い続けていくことがカギです。

N
お金が入ると思っても、アテが外れてしまう可能性が高そうです。倹約生活を心がけましょう。

Q
ファッションセンスが鋭くなっているので、おしゃれや楽しみのためにお金を使うのはグッド。

T
身辺に変化があるときです。予定外のことが起こりやすいので、予算には余裕をもっておいて。

W
小さな幸運が降ってくるでしょう。今なら遊び感覚で、宝くじなども少額ならいいかもしれません。

Z
少々波乱含み。盗難や紛失、詐欺など、あなたのお金に対する危機感が大事なときです。

YY
いい買い物ができそうなときです。高額商品を買うときは、センスのいい人と出かけましょう。

C
金運は良好です。将来的にも、きちんと形にして残していけそうですから現状を維持しましょう。

F
懐が寂しくても、今は遊ぶためのお金はケチらないで。あなた自身の心への投資となるはず。

I
ローンや保険をきちんと見直すことで金銭的な幸運につながります。無関心でいるのはNGです。

L
新商品を購入したいのなら今がチャンス。とくに電化製品の買い替えには向いている時期です。

O
金運は大きく上昇中。あなたが期待している以上のお金が入るかもしれないので、どんと構えて。

R
本や美術展、講座など、自分のスキルや知識を上げるための出費は◎。惜しまず使いましょう。

U
あなたの価値観とうまく合う人との出会いがありそう。共同出資などの話も受けていいでしょう。

X
ギャンブル運が絶好調。大きな幸運の予感なので、宝くじや懸賞などにトライする価値はあるかも。

WW
思いがけないラッキーが起こりそう。贈り物があったり、臨時収入があったりする可能性も。

ZZ
金運は停滞中。ノリで高いものを買ってしまい後悔してしまうかも。財布の紐をしっかり締めて。

2

ジオマンシー占い

ナポレオンがとりこになった神秘の占い。
あなたの深いところが呼び起こされる
ご神託の不思議！

2 ジオマンシー占い

～アラブを発祥とするヨーロッパ版易占い

英雄ナポレオンも愛用した？　神秘のジオマンシー

「ジオマンシー」という占いを聞いたことがあるでしょうか？　「ジオ」は「大地」という意味で、「マンシー」は「占い」。直訳すると「土占術」となります。九世紀ごろ、アラビア半島で発祥したといわれ、『アラビアン・ナイト（千夜一夜物語）』をはじめ、さまざまな物語や伝説に登場します。

アラブ世界を故郷とするジオマンシーは、イスラム教の広がりとともに各地へ伝わっていきました。アフリカ各地へは十世紀頃、ヨーロッパへは十一世紀頃に伝播しました。当時のヨーロッパはキリスト教以外の価値観が排除される中世でしたが、そんな時代にあってもジオマンシーは、じわじわと広がっていきました。十二世紀初頭には、スペインで初の翻訳書『ジオマンシーの書』が出版され、ルネサンス期に入ると、ジオマンシーはヨーロッパで大流行。かの有名なドイツの魔術師アグリッパが、著書『隠秘哲学論』を記し、現代に伝わるジオマンシー占いの理論を確立させました。

そのほか、イギリスの魔術師ロバート・フラッド、「黄金の夜明け団」の一人であるフランツ・ハルトマン、魔術師アレイスター・クロウリーなども注目していた占いなのです。英雄ナポレオンもこの占いを愛用し、彼が破竹の勢いで勝ち続けることができたのは、ジオマンシーの導きのおかげという怪しげな噂も出たほど！

ジオマンシー占いは、ヨーロッパ版の「易」占いのようなもの。最初は棒で大地を突いたり、線を引っ張ったりしていましたが、時代が進むにつれて、棒の代わりに筆記具、大地の代わりに紙を用いるようになりました。繰り返し点を打つことで偶然性から生まれる1と2のドットを組み合わせ、十六種類のシンボルを作り出しました。

本来は、何度も土の上に印をつけ、複雑な手続きを踏んで占うものでしたが、本書では、巻末付録の1と2の目しかない特別な「ジオマンシーダイス」を使って占います。ダイスにある1と2の目は、宇宙を構築する「陰・陽」二つの原理を象徴しています。

用意するもの

・ジオマンシーダイス（巻末付録）
・筆記用具、紙

占い方

① 巻末のダイスを、ていねいに切り取って組み立ててください。

② 占いたいことを念じながら精神を集中し、ダイスを4回転がします。出た目は順番にメモしておきましょう。

③ 次ページの16種類のシンボルから、あなたがダイスで導き出したシンボルを選びましょう。あなたの問いに対する答えですから、イマジネーションをふくらませながら読み解きましょう。

Populus
【ポピュルス】
（People ／人々、大衆）

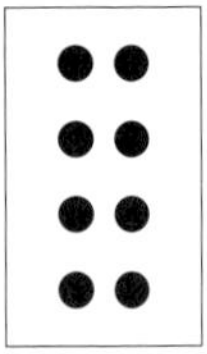

popular に通じる言葉で、吉凶混合運です。商売に関することや、大勢の人と関わりたいといった場合にはいい暗示でしょう。しかし大衆とは時に冷たいもの。あなたのことを真に理解してくれる人はほんの一握りであることを肝に銘じましょう。

時に迷うこともあるかもしれませんが、誰かの噂や感情に流されず、自分を信じて芯の通った生き方を貫くことが大事ではないでしょうか。家庭的、感情的なつながりで何かが起こる可能性もあります。

Amissio
【アミッショ】
（Loss ／喪失）

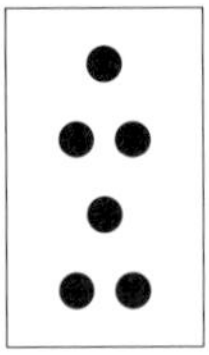

「喪失」という意味から、一見厳しい印象を受けますが、ただ凶運ばかりを暗示するわけではありません。今のあなたには不要なものを断ち切る暗示でもあります。本当に必要なものと不必要なものとを取捨選択するべき時期が訪れたのかもしれません。しまい込んでいる不要なものを処分したり、憂鬱な気持ちを引き起こす人間関係を整理したりして、物質的にも精神的にも断捨離を実現できれば、アミッショの表す意味を深く汲み取ったことになるでしょう。

Albus
【アルブス】
（White ／白）

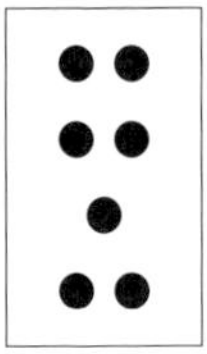

白のイメージは、純潔。運気はいい方向に流れています。あなたのうちには純粋な希望の炎が燃え、未知の可能性に向かって邁進していることでしょう。一方、白は何色にも染まりやすいことから、ちょっとしたことで誘惑に負けたり、傾向が変化したりする可能性があります。

先に見えない道を歩くには、プレッシャーも大きいかもしれませんが、あなたが描く未来はあなただけのもの。今までの努力や行動を信じ、内なるイマジネーションを大事にしてください。

Puer
【プエル】
（Boy ／少年）

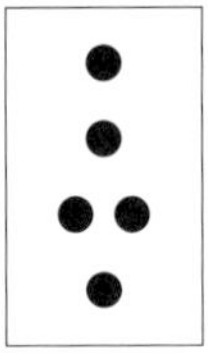

血気にはやる少年のように、このシンボルはあなたのうちに眠る抑えきれない欲求や衝動を暗示しています。あなたは今、何かを必死に乗り越えようとしている、あるいは戦っているのかもしれません。あなたの周りは圧倒的なエネルギーに満ちていますが、焦りや怒りといったマイナスのエネルギーも感じます。少しクールダウンしましょう。ただ、その想いが恋心なら吉兆。情熱とパワーに満ちているので、恋の成就に向けて臆せず突き進んでください。

Rubeus
【ルベウス】
(Red ／赤)

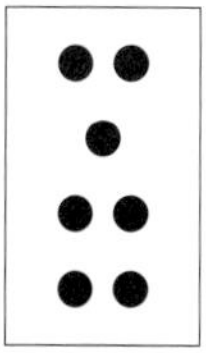

赤く輝く闘いの星、火星を象徴するシンボル。一見穏やかな様子ですが、あなた、あるいは相手の内側に激しく強いエネルギーが渦巻いていることが感じられます。自分でも気づかないうちに深いストレスを抱えているのかもしれません。

そのパワーを意識的に放出できれば、現実を変えていく力となるでしょう。もし周囲に秘密にしている気持ち、相談できずに困っていることがあれば正直に伝えましょう。赤い何かがあなたにとって重要であることも暗示しています。

Conjuncito
【コンジャクショ】
(Conjunction ／結合、会合)

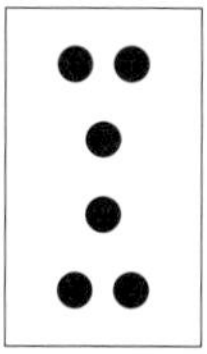

もしあなたが「あれか、これか」で迷っているなら、「あれも、これも」という視点に立ってみてはいかがでしょうか。このシンボルは、２つの異なるものを結びつける能力を暗示するもの。異なる価値観をいかに受け入れられるかが、今のあなたに必要なことなので、発想を転換することで悩みに対するヒントが見えてくるでしょう。

恋や人間関係の悩みは、お互いに考え方が違うからこそ面白いということを思い出せば、今とは違った姿で見えてくるはず。

Puella
【プエラ】
(Girl ／少女)

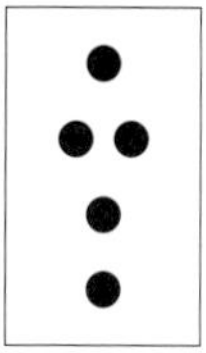

今のあなたを支配しているのは、この世界にささやかな喜びを与えてくれることを象徴する可憐な少女。直面している問題に対して、現実的な側面ばかりを見ようとしているのかもしれません。しかしすぐには役に立たないもの、無駄なものにこそ価値があることを思い出してください。

調和や幸福のシンボルでもあるため、対人関係の悩みは収束に向かうでしょう。気持ちに余裕をもち、目先のことにとらわれないようにしましょう。純粋な恋愛を楽しむ暗示もあります。

Fortuna major
【フォルチュナ メジャー】
(Greate Fortune ／大幸運)

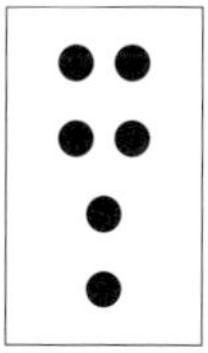

フォルチュナとはローマの幸運の女神のこと。文字通り、幸運の追い風があなたを後押ししてくれるでしょう。あなたがやろうとしていること、考えていることは、この先いい方向へと進んでいきます。見栄や虚栄心は捨てて自分を素直に出していけば、ずっと思い描いていた夢や理想が実現したり、恋愛が成就したりする可能性も。

一方で、このシンボルは過信や過度な楽観主義で失敗することも警告しています。ツイているときこそ足元に注意してください。

Laetitia
【ラティティア】
(Joy／歓喜)

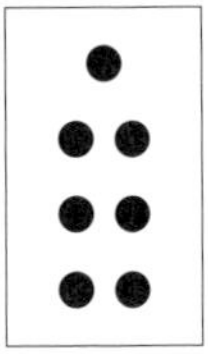

今が厳しい状況にあるとしても、この先は大丈夫。何か楽しいことが大小にかかわらず近づいてきているでしょう。それは恋する楽しさや恋の成就かもしれません。仕事で実力が認められたり、難しい業務が成功したりするのかもしれません。あるいは、ささやかな日常の中の小さな幸せに、改めて気づくのかもしれません。このシンボルは笑顔も象徴するので、大変なときこそ笑いのパワーでマイナスの感情を吹き飛ばしましょう。

Carcer
【カルサー】
(Prison／牢獄)

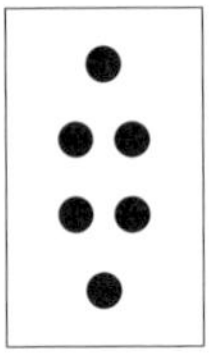

身動きできない状況にあります。仕事か恋かといったジレンマ、板挟み状態の人間関係のように、こちらを立てればあちらが立たずといった宙ぶらりん状態なのかもしれません。あるいはプライドや理想の自分像といった自縛の鎖に支配されているのかもしれません。冷静に状況を分析し、そこから脱するにはどうするべきかを考えましょう。一方、牢獄は究極の安全地帯でもあります。

闇雲に自由を求めず、今の状況の中で自分を守りつつ時期を待つ方法もあります。

Tristitia
【トリスティティア】
(Sorrow／悲しみ)

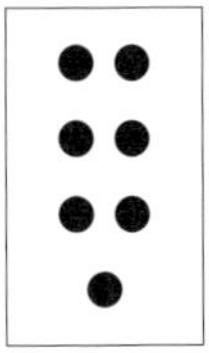

悲しみの相が支配しています。あなたを暗くさせているものはなんでしょうか？　思い当たらないなら、あなたが過去に封印した悲しみ、あるいは周囲の人々の悲しみについて考えてみてください。ただネガティブな感情と受け取るのではなく、我慢せずに悲しみに身を任せてみましょう。

恋愛面では、孤独の感情が湧き起こってくるかもしれませんが、この先に相手とより深くつながるためのプロセスでもあります。一方、土地関係には吉凶のシンボルです。

Acquisitio
【アクウィッシュ】
(Gain／利益、獲得)

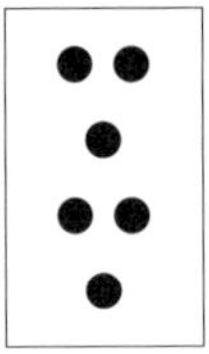

あなたが喜ばしい何かを得られることが暗示されています。仕事面ならこれまでの努力が実り、報酬や臨時ボーナスをもらえるかもしれません。恋愛面なら恋がようやく実る可能性も。旅先でいいチャンスに巡り合うなど、ラッキーな出来事が起こるかもしれません。

また、物質面だけでなく精神的なもの、知的なものを身につけるチャンスも暗示しているので、読書や映画などの知的な出会いであなたの世界がどんどん広がっていく時期でもあります。

Via
【ヴィア】
(Way／道)

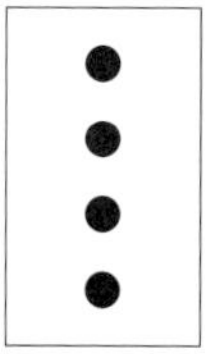

今、あなたの目の前に広がる道は新たな局面に差しかかっています。状況は変化し始めていて、あなたに影響を及ぼし始めているでしょう。これまでのマンネリ化したやり方は通用しないかもしれません。あなた自身、古い価値観を手放したり、殻を脱ぎ捨てたりする必要があるでしょう。迷ったときは直感を信じて前に進みましょう。

また、旅行のシンボルでもあるので、小さな旅は吉兆。ふらりと旅に出てみたら、思いがけないアイデアが浮かぶかも。

Caput Draconis
【カプト・ドラコニス】
(Head of Dracon／竜の頭)

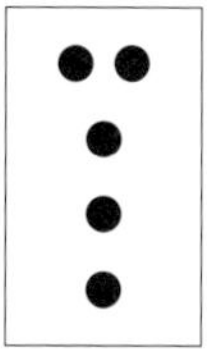

カプト・ドラコニスとは太陽と月の軌道の交わる点のこと。その点が満月、新月に重なると月食、日食が起こるのですが、太古の人々はここに目に見えない竜がいて太陽を飲み込むと考えていました。

竜の頭は「入り口」を意味し、何かを始めたいときには絶好のチャンス。リスクや面倒なことはあるかもしれませんが、勇気をもって新しいことに踏み出してみましょう。また、新たな人間関係も暗示しています。インターネットを介した関係も吉兆があります。

Fortuna minor
【フォルチュナ マイナー】
(Lesser Fortune／小幸運)

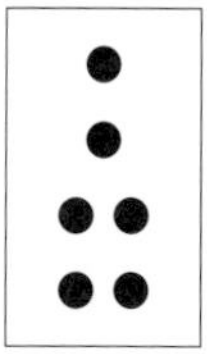

ささやかな幸運が舞い降りてくるでしょう。でも、ただ待つだけでは通り過ぎてしまいます。小さな幸運を本物のチャンスに変えるには、あなた自身の努力と勇気が欠かせません。たとえば、好きな人に思いがけない場所で会えたとして、あなたから話しかけることが肝心でしょう。

あなたの努力と勇気がタイミングと合致したとき、幸運の道は開けるのです。小さな援助も暗示しているので、ときには周囲に甘えたり、助けを求めたりしてみましょう。

Cauda Draconis
【カウダ・ドラコニス】
(Tail of the Dracon／竜の尾)

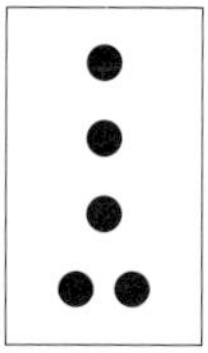

カウダ・ドラコニスとは、太陽と月の軌道の南の交差点のこと。過去の因縁やカルマを暗示するもので、あなたが過去の何かに惰性的に引きずられている可能性があります。悪い習慣かもしれませんし、とっくに終わった恋愛や人間関係に縛られているのかもしれません。そうした過去やカルマにピリオドを打つべき時期です。

一方、不思議な因縁の力が働くことも暗示しているので、奇妙な偶然があなたを導くことがあれば、流れに身を任せてみましょう。

COLUMN 1

日本で出版された「ひとり占い」本

西洋では、十九世紀ごろから庶民の間でも気楽に占いを楽しめる本が出始めました。もちろん、それ以前にも十六世紀ごろから占星術の暦が出ており、十七世紀にはロンドンでは占星術暦がベストセラーとなっていましたが、より簡単に、「ひとり占い」を楽しむような娯楽本が十九世紀に入ると普及しはじめるのです。

そう、ちょうど本書と同じように、いろいろな種類の雑占い、ひとり占いを集めた本が出はじめるのですね。「ピュタゴラスの輪」を掲載した『ラファエルの魔女』などもその一つでした。

では、このような西洋の「ひとり占い」は日本ではいつごろから紹介されるようになったのでしょう?

僕もはっきりしたことはわかりませんが、少ない僕の蔵書の中でもっとも古いものの一つは永鳥

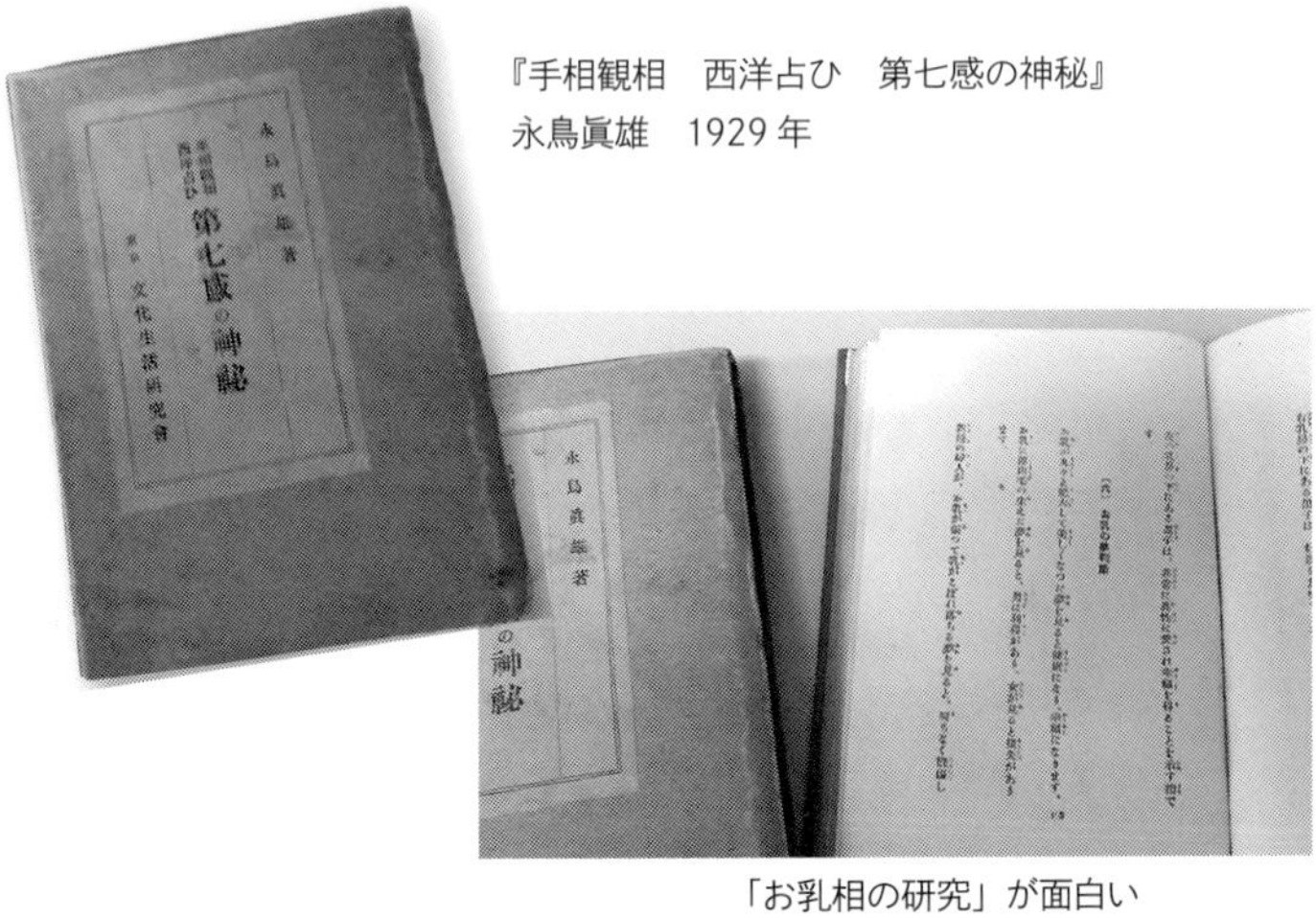

『手相観相　西洋占ひ　第七感の神秘』
永鳥眞雄　1929 年

「お乳相の研究」が面白い

眞雄『手相観相　西洋占ひ　第七感の神秘』（文化生活研究會）刊行は昭和四年（一九二九）です。

　永鳥眞雄は日本における西洋手相術のパイオニアとして著名です。この本でも手相術にかなり力が入っていて、扉には政治家・永井柳太郎や作家・岡本綺堂などの手相の写真も収められています。西洋でポピュラーなナポレオン・オラクル（ジオマンシーの俗名です）やダイス占い、夢占い、トランプ占いのほかに観相術の延長なのでしょうか、「お乳相の研究」という章が入っています。「右の乳房の上部にある黒子《ほくろ》は、幸運のしるし」ですが、「左の乳房の上部にある黒子は、不運を示す」のだそうです！

　この本が出た翌年、昭和五年（一九三〇）、河合乙彦『西洋運命書』（春陽堂）が出ています。この本は、日本の西洋占いの歴史の中ではとくに重要な役割を果たしました。というのは、この本がはじめて、タロットの付録をつけているのです。タロットの普及にも大きな役割を果たしたのですね。

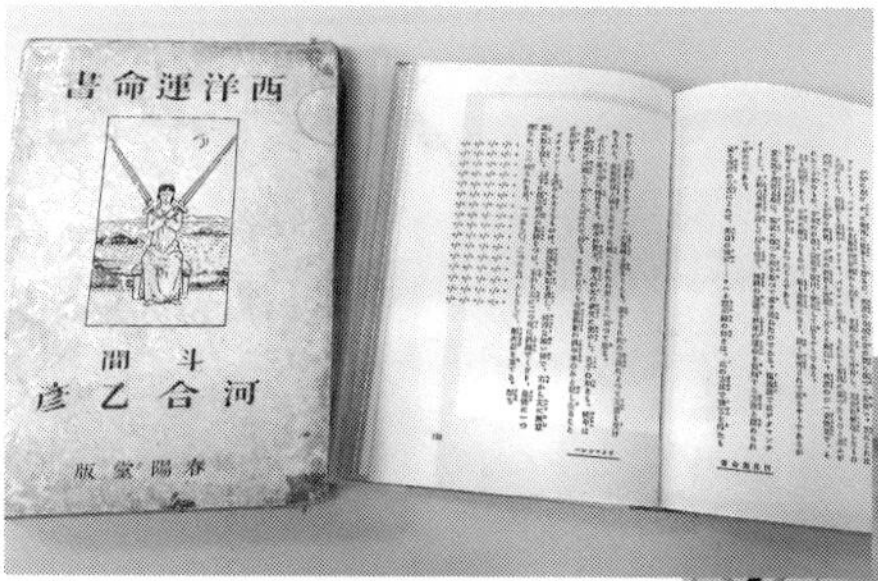

『西洋運命書』
河合乙彦　1930 年

はじめてタロットの付録がついた

ティータイムの後、気軽に楽しめる！

紅茶占い

紅茶占いとは、紅茶を飲み干した後、カップの底に残った茶葉の形からメッセージを読み解いていく占いです。同じ茶葉の形でも、花に見えたり誰かの横顔に見えたり、見え方は人それぞれ。それは無意識のうちに、見る人の心理状況が反映されるためです。気分が晴れないとき、迷っているとき、なぜか心がざわついているときなどに、紅茶を飲んで試してみてください。あなたの心のうちにあるモヤモヤの正体が見つかるかもしれませんよ。

【用意するもの】
カップ（できるだけ占い専用のカップを用意しましょう）
紅茶（ティーポットでいれたものにしましょう。茶葉が細かく残るものがベストです）

【紅茶占いの手順】
① 落ち着いた気持ちで紅茶をカップに注ぎましょう。
② ゆっくりとカップの中の紅茶を飲み干します。このとき、少しだけ中身を残しておきましょう。
③ カップを軽くゆすり、そこに残った茶葉を広げます。
④ 左手にカップを持ち、時計回りに三回、回してください。
⑤ カップを逆さにして余計な水分をとります。カップをソーサーに戻したとき、中に広がった茶葉の形を見て占いましょう。

※茶葉の形が意味するシンボルは、『鏡リュウジの占い入門5　鏡リュウジの夢占い』のシンボルを参考にすると、より深く楽しんでいただくことができます。
※もし、茶葉がなんの形にも見えなかったら、紅茶をいれ直してみましょう。三回試してもうまくいかない場合、「まだ答えを伝える時期ではない」というサインかもしれません。

【占い結果例】 見えたもの：数字の3、月、チョウチョウ
数字の3はラッキーなことを、月は母親の象徴、チョウチョウは自由へのあこがれを表しています。これは無意識のうちに、母親から逃れて精神的に独立したい、という気持ちの表れかもしれません。自分らしく生きることが課題となってくるでしょう。

3 コイン占い

古代に生まれた易を、　コインで占い、
天からの声を聞く。
その時その時の運・不運を知り、
あなたの行動の判断基準に！

3 コイン占い
～古代中国生まれの「易」をコインで占う

「毎日の運勢」をコインで手軽に占える！

誰しも「今日はラッキーだな」「何をやってもダメな日だな」と感じる日があるのではないでしょうか？　もし今日がツイている日とわかっていたら、臆せず行動できるかもしれません。逆に今日がツイていない日とあらかじめ知っていたら、慎重に動くようにするでしょう。古代中国で生まれた「易」は、その時々の吉凶、成功か失敗か、やるべきかやめておくべきか……といったことを占うのにとても向いています。占いの結果を見て、どう動くかを決めることができるでしょう。

易の歴史は古く、紀元前一七〇〇年頃、古代中国の殷という時代にはすでに、亀の甲などを焼いてそこに刻まれた形から吉凶を占っていたと考えられています。紀元前一一〇〇年頃、周という時代になると思想がもう少し整理されて、のちに孔子が理論的根拠を加えて『易経』という書物を残しました。

易の考え方によると、世界のエネルギーは天と地、男と女、表と裏、火と水、偶数と奇数……のように「陰（マイナス）」と「陽（プラス）」という二つの緊張とバランスからなるとされています。陰陽という目には見えないエネルギーは八つの形（＝八卦）をとり、世の中の事象をより詳しく見るため、さらに八卦を重ねて六十四の形（＝六十四卦）となりました。

一般的に、易は筮竹《ぜいちく》などの専門道具で占いますが、もっと身近で簡単に占えるようにしたものが、これからご紹介する「コイン占い」です。筮竹では偶数と奇数で占いますが、コインの表と裏が万物のエネルギーである陰陽を表します。コインが三枚あれば、いつでもどこでも気軽に「今日の運勢」を占うことができるでしょう。

この占いは、不思議と日本人よりもヨーロッパの人々のほうがよく知っています。一説によると、イギリスの植民地時代の中国にいたヨーロッパの人が、易をコインで占う方法を思いついたのでは、と考えられています。

覚えてしまえばとっても簡単！　コイン占いで、気軽に毎日の運勢を占ってみましょう。コインを振るときに「何月何日の運勢を知りたい」と念じれば、その日の運勢を占うこともできます。いろいろ応用できますから友人や家族、同僚など周囲の方々と試してみてください。

用意するもの

・コイン3枚（硬貨なら十円玉、百円玉、五百円玉どれでもＯＫですが、3枚とも同じ種類をそろえます）

・筆記用具、紙

占い方

① 用意した紙に、下から（手前から）順に上のほうへ1・2・3・4・5・6と数字を記入します。数字の右側には点数と図形が入るため、空けておきましょう。

② コインの表（陽）と裏（陰）を決めます。十円玉なら「10」と数字が書いてあるほうを表にする、など自分でルールを決めてください。

③ 占うこと、問いかけることを決めてから精神を集中し、3枚のコインを手の中でよく混ぜてから、ぱらっと落とします。

④ 表＝30点、裏＝20点として合計の点数を出しましょう。その点数を1の横に書き込みます。同様にあと5回繰り返し、それぞれ2～6の横に書き込みましょう。

⑤ 6回分の結果が出たら点数を図形に直します。60、70点なら「——」、80、90点なら「— —」という図形を、それぞれの点数の横に書いていきましょう。

⑥ 完成した図形と同じものを、次ページから探してください。その結果が、今日のあなたの運勢です。

例

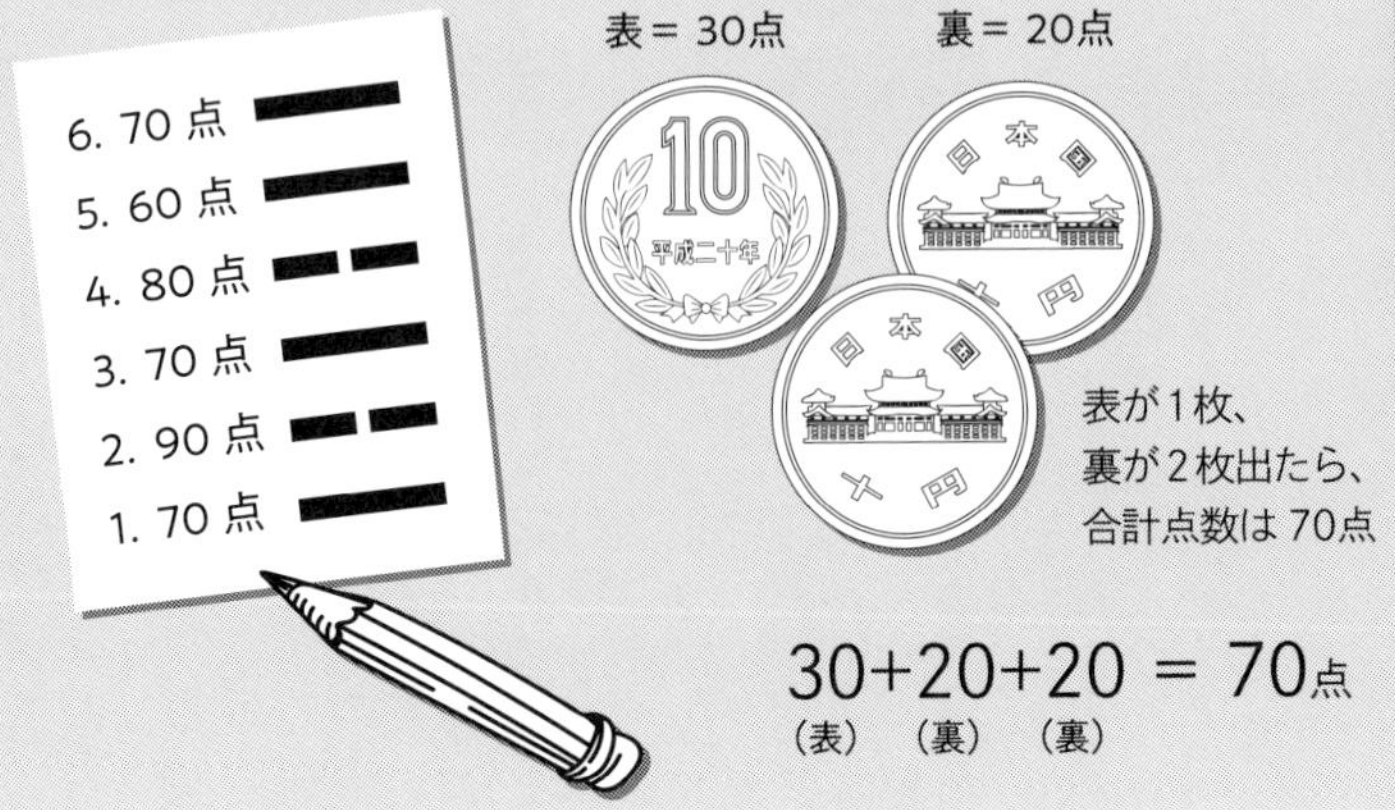

30+20+20 ＝ 70点
（表）（裏）（裏）

1

運気の波に乗れる1日。あなたの言動に注目が集まりやすく、友人と会話も弾みやすいので、外に出かけてコミュニケーションをとるのがおすすめです。ただし、調子に乗りすぎて失言しないように注意！

2

おとなしく過ごしたい日。今日は言いたいことがあってもとりあえず飲み込んで、周囲の意見に素直にしたがったほうがよさそう。大事な交渉事や秘めた想いを告白するのも避けたほうがいいでしょう。

3

思い通りにことが運びにくいでしょう。勘違いや、すれ違いが発生しやすいので、大事な約束や連絡はこまめにチェックを。過去のメールは見返しましょう。気のおけない人と落ち着いた空間で過ごすのが吉。

4

軽い衝突や意見のすれ違いが起こりやすい日。この日の予定は念入りに計画を立ててから実行に移しましょう。今日の仲間割れは長引く可能性が高いので、周囲の意見によく耳を傾け、妥協案を提案して。

5

強い運気ではないので、いつも通り静かに過ごすのがおすすめです。現状に対する焦りや不安が湧いてくるかもしれませんが、今日は実行しないこと。計画だけ立てて、後日動き出すほうが効果的です。

6

家族や同僚など親しい人と摩擦が生じる恐れがあります。今日に限っては逆らわず、できるだけ口数を減らして言う通りにしましょう。早めに帰宅し、自分一人の時間を大切にしたい日です。

7

あなたに注目が集まりやすい一日。ちょっとしたハプニングに見舞われるかもしれませんが、あなたが中心に動けば物事は丸く収まるでしょう。大胆な行動や発言をしたほうが成功しやすい運気です。

8

周囲があなたを助けてくれます。今日は一人でやろうとせず、誰かを頼ったほうがうまくいくでしょう。資格の勉強を一緒にしたり、仕事の助言をもらえたり、おすすめの店を教えてもらえたりしそう。

9

今日起きたことが後に影響を及ぼす転機となる日。いいことも悪いことも含めて、あなたが経験したことはやがて大きな糧となるはず。何かを学んだり、新しい出会いを求めたりするのに向いています。

10

比較的強い運気が成功を後押し！　思いつきの行動は避けたいですが、かねてより実行したいことがあるなら今日がベストタイミング。通勤などで毎日顔を合わせる人と、縁が深い日でもあります。

11

午前中の運気は好調。次々とラッキーなことが起きるので、大事なことは午前中にすませましょう。午後からは一転して下降気味。親しい周囲の意見にしたがい、目立たないよう過ごすのが無難です。

12

何かと空回りしがちな日。やることなすことうまくいかなくて、落ち込んでしまうかもしれません。でも一日の終わりに偶然いいことがありそう。今日を頑張った自分へのご褒美に感じられるでしょう。

13

コミュニケーション運が良好。ワイワイ集まって何かをするのが向いているので、誰かの家に集まったり、みんなで出かけたりするのも◎。友人から貴重な意見をもらえたり、刺激を受けたりする暗示も。

14

絶好調の一日！　今日大事なプレゼンや約束事、試験の発表などがある場合、最高の結果を期待できます。あなたに注目が集まり、仕事で大抜擢されたり、好みのタイプから誘いがあったりするかも。

15

主役の座は誰かに譲り、今日は縁の下の力持ちになりましょう。たとえ自分でやっても謙虚になり、周囲を立ててください。あなたの頑張りを見ている人は必ずいて、揺るがぬ人望を集めます。

16

力強い運気です。今日やったことは成功しやすいので、習い事の昇級テストなどすぐ結果が出ることにチャレンジするといいでしょう。モチベーションが上がり、やる気がますます満ちてきます。

17

感性が敏感になり、小さな喜びや楽しみを発見しやすい日でしょう。義務的なルーティンワークや仕事の課題なども、これまで気づかなかった面白さを見つけて、考え方が変わるかもしれません。

18

ツイていない一日。ちょっとしたごまかしや嘘などがバレて、気まずい思いをするかもしれません。今日の人間関係のこじれは、長引く可能性が高いので、速やかに謝罪をして誤解を解きましょう。

19

かなり高めで安定した運気。特別ラッキーなことが起きるわけではありませんが、終日明るくワクワクした気持ちで過ごせるでしょう。いい買い物をしたり、素敵な本や映画に出会えたりしそうです。

20

仕事やプライベートで思いがけない出来事に遭遇しやすいでしょう。緊張したり、気が緩んだりと慌ただしい一日になりそうです。夜は湯船にゆっくり浸かるなど、リラックスタイムをもうけて。

21

何かと邪魔が入りやすい一日。出かけようとしたら雨が降ったり、急な用事を言いつけられたり、食べたかったものが品切れだったり。前向きな気持ちで乗り切れば、楽しい時間が待っています。

22

気がかりなことが頭から離れなさそう。褒められたり、ラッキーなことがあったりしても、いまいち気持ちが盛り上がらないかもしれません。心配なことは先延ばしにせず、今日取りかかりましょう。

23

運気は停滞気味。調子に乗りやすい日なので、意識して自重しましょう。今日提出する書類やメールなどは、失礼な言い回しや間違いがないか念入りに見直しを。可能なら今日は出さないほうが無難です。

24

落ち着いてほのぼのした運気です。気になる人とちょっとした触れ合いや会話を楽しめたり、おいしいスイーツをお得に味わえたりと、プチ幸運がやってきて、一日いい気分で過ごせるでしょう。

25

のんびり過ごすには最適な日。派手に動き回るのには向いていないので、お気に入りのカフェなどくつろげる空間で読書をしたり、音楽を聞いたりするなど、一人の時間をとことん満喫しましょう。

26

これまでの努力が報われるでしょう。仕事に限らず、趣味で密かに続けてきたことも周囲に高く評価されるので、思い切ってカミングアウトしてみては？　みんなに褒められ、自信がみなぎりそう。

27

「口は災いの元」という暗示。うっかり周囲に秘密を漏らしてしまったり、失言で上司に叱られたりするかも。おしゃべりは極力控え、黙々とやるべきことをこなしましょう。自分の発言には責任をもって。

28

気が休まらず疲れてしまいそうな一日。苦手な業務を任命されたり、大勢の人の前で話さなければならなかったりと、緊張の連続かも。理想の自分を追い求めるあまり、高望みしすぎる傾向もあります。

29

八方塞がりの日。今日ばかりは何をやってもうまくいかず、問題が山積みになってしまいそう。人間関係に安らぎを求めるよりも、さっさと帰宅して部屋にこもり、一人で過ごすのが正解です。

30

聞き役に徹すれば、問題なく過ごせます。あなたの意見はあえて言わないほうが無難。強い運気ではないので、多少納得いかなくても我慢して聞き流し、言う通りにしたほうがいいでしょう。

31

コミュニケーション運が活発な一日。苦手な人や喧嘩していた友人とも、不思議とスムーズに話せるでしょう。気になる人ともテンポよく会話を楽しめるので、アタックするなら今日がチャンスです。

32

平和で穏やかな、理想的な運気です。道端に咲いている花を見つけてうれしくなったり、周囲の人と親しく話せたり、仕事で新たな楽しみを見つけたり。何気ない日常を愛おしく感じられるでしょう。

33

䷠

突然のトラブルやアクシデントに巻き込まれてしまうかも。それはあなた一人でどうにかできるものではないかもしれません。冷静さを取り戻すためにも、今日は思い切って逃げてしまいましょう！

34

䷡

落ち着かない気分の日。じっとしていられず、とりあえずなんでもやってみようという気になりますが、今日思いつきで始めたことは長続きしません。思いがけない結果を招いて困惑してしまうかも。

35

䷢

強い運気があなたを後押し！　努力すればするほど、積極的に動けば動くほど、ダイレクトに成果が得られる日です。今日の頑張りであなたの評価はうなぎ上りになりそう。誰かにおごってもらえる暗示も。

36

䷣

ズーンと落ち込んでしまいそうな日。特別な理由があるわけではありませんが、今日は一日ネガティブモードに。何もする気が起きず、せっかくのイベントも楽しめないので今日は寝てしまいましょう。

37

䷤

家族や親しい人と過ごしたい一日です。久しぶりに連絡をとってみたり、一緒にご飯を食べたりしてみては？　家族団らんやコミュニケーションを大切にすると、臨時収入も期待できるでしょう。

38

䷥

何事もパワー不足になりがち。新しいことを始めたり、計画していたことを実行に移したりするなら、別の日がよさそうです。明日に延ばせることは明日にして、おとなしくやり過ごしたい一日です。

39

䷦

やることなすことが裏目に出てしまいそう。いつものあなたならあり得ないミスや失敗を犯しがちなので、普段以上に慎重になりましょう。家を出るときは忘れていることがないか、念入りに確認を。

40

䷧

大きな実りの一日。これまでの努力が結実し、充実感と満足感を味わえるでしょう。特に恋愛運が好調なので、あなたの今までのアプローチに、ようやく意中の人が振り向いてくれるかもしれません。

41

家族や友人、同僚など身近な人に尽くしてあげましょう。たとえ損な役回りでも率先してやってあげると、大きな幸運となって返ってきます。自分の利益のために何かをしても、得にはなりません。

42

不思議とラッキーな連鎖が次々と起こる日。「瓢箪から駒」ということわざ通り、些細なことが大きな喜びにつながっていくでしょう。今日出した仕事の結果が、思わぬ高評価につながる可能性も。

43

残念ながら運気は下り坂。無理をしたり、ズルをしたりせず、コツコツと地道な努力を積み重ねていきましょう。特に人が見てないところでの頑張りが、後にあなた自身を助けてくれるはずです。

44

波乱含みの運気。家にいるのが一番ですが、外出する場合は、さっさと用事をすませて速やかに帰宅しましょう。品行の悪い人に声をかけられるなど、ドキッとするようなハプニングが起こりやすい日。

45

パーティー運があります。特に祝い事やホームパーティーなどがあれば、最高に楽しい時間を過ごせるでしょう。出会い運も好調なので、合コンなどの誘いがあれば、ぜひ参加してください。

46

地道な反復練習や努力が、実力に結実しやすい日です。特に習い事や最近始めたことがあれば、今日は一心不乱に取り組みましょう。メキメキと上達し、スキルアップを実感できるはずです。

47

何事もうまくいかない残念な日。待ち合わせですれ違ったり、出かけた先が定休日だったり、交通機関が大幅に遅れたりするなど、イライラが募りそう。行動範囲を広げないようにしましょう。

48

注意したい一日。今日何か問題が起きると、後々まで影響を及ぼす可能性があるので、今日だけは石橋を叩きすぎるくらい用心深く行動するのが正解。ルーティンワークもきちんとこなしましょう。

49

大小かかわらず状況が変わりそうな暗示。気になっていた人が異動や転勤になったり、友だちが結婚したり。幸運を運ぶチャンスでもあるので、変化の波には積極的に関わるようにしてください。

50

安定した運気。まだ水面下にあり、出ていませんが、物事は確実にいい方向へと流れています。特にあなたにとって身近な三人の友だちや、目上の人物が、あなたの望みをかなえてくれるでしょう。

51

調子は上々です。あなたが今日やることは間違っていないので、自信をもって前に進めましょう。ただし調子に乗りすぎず、自分の言動を反省しながら進めたほうが、結果的にうまくいきます。

52

仕事もプライベートも、今日やることは完璧を目指さず、90パーセントにとどめておくと◎。たとえば上司の奢りで高級レストランに連れて行ってもらっても、満腹にするとお腹のトラブルを引き起こす可能性が。

53

長期的に計画している計画や夢があるなら、今日はそれに時間をかけてじっくり取り組みたい日です。すぐにかなうというわけではありませんが、今日やったことが後で大きな財産となるはずです。

54

低い運気です。誰かのためによかれと思ってやったことが裏目に出てしまいがちで、がっかりしてしまいそう。特に人間関係がこじれる恐れがあるので、今日は出しゃばらず自分のことに集中して。

55

コミュニケーション運が絶好調！　あなたの気持ちが伝わりやすく、言いたい言葉がするすると出てきます。好きな人に接近したり、苦手な人を克服したり、誤解を解いたりするのにチャンスです。

56

優柔不断になりがちな日。普段なら即断即決の場面でも、今日は悩んでしまいそう。買い物で友人を待たせたり、迷った挙句に時間切れになったりしないよう、早めの行動を心がけましょう。

57

強い運気ではないので、もし大勢の人の前に出る機会があるなら、リハーサルはいつも以上に気合を入れましょう。あなたにとって身近な人に、転職や引っ越しなど身辺に変化が起こる暗示も。

58

大きな変化のない、まずまずの運気。ボーッとしているとあっという間に一日が過ぎてしまうので、やるべきことややりたいことをメモすると◎。どれだけこなせたか、夜にチェックしましょう。

59

不思議な巡り合わせを感じる一日。たとえば別々の場所で出会った友人同士が実は知り合いだったことがわかるなど、パズルのピースがカチッとはまるようにすっきりした気持ちになれそうです。

60

体調面で不安。無理をするとよくないので、普段から暴飲暴食が続いている人は、今日一日くらい健康に気を配って。早寝早起きと栄養のある食事を心がけるだけで、リセットされるでしょう。

61

長い間未解決だったことが突然解決に向かったり、不仲だった人と仲直りできたり、疎遠だった人と連絡がとれたりと、過去の出来事が何かしらの形でよみがえる日。復活愛の可能性もあるでしょう。

62

小さなラッキーがたくさん起こりそう。誰かにプレゼントをもらえたり、なくしものが見つかったり、知らない人に親切にされたり。欲を出して高望みさえしなければ、小さな願い事はかないます。

63

心と体をじっくりと休めたいとき。抱えている問題は一度わきに置いて、今日一日くらい忘れてデトックス！　ジムで体を動かしたり、マッサージをしてもらったりしてリフレッシュしましょう。

64

今日の悩みは近々解決する兆しですから、心配しなくても大丈夫。親しくなりたいと思っている人とは、もう少し時間をかけてみましょう。何事もすぐに結論を出そうとせず、忍耐が肝心なときです。

4
ルーン文字占い

神々の長、オーディンが創った
神秘の魔術の文字が
あなたに告げるご神託は？

4

ルーン文字占い

～古代北欧生まれの魔法の文字占い

魔力を秘めた神秘の「ルーン文字」

古代北欧で広く用いられた「ルーン文字」は、二世紀頃から碑文などに登場します。もっとも古いルーン文字は、直線の組み合わせで作られたシンプルな二十四文字。元来、ルーン文字は記録用の、ごく日常的な文字として用いられるのが一般的だったのですが、ルーン文字に強い魔力が宿っていると考える人々も多く、木片や石などに刻むことでその魔力を引き出せるとされました。そもそも、文字を使うということ自体が古代の人には呪術的な行為でしたし、実際、ルーン文字が魔法のために用いられたという記録も残っているのです。「ルーン」という言葉も古代北欧語で「秘密」「ささやく」という意味だったそうです。

魔術の香りがただようなんとも魅惑的な文字のルーツは、北欧神話に隠されています。古代北欧の歌謡集『詩のエッダ』によると、ルーン文字は世界樹ユグドラシルに秘められていました。知識や魔術の神ともされる最高神オーディンが、わが身を槍で傷つけ、九日九晩もの間、ユグドラシルに逆さに吊り下がり、「呻きながら読み取った」そうです。オーディンは己が認めた神々や人間にこの神秘の文字を伝えたとされています。この文字の占いが、十九世紀末から復活しました。

このルーン文字の神聖な力を借りた占いが、「ルーン占い」の「ワン・オラクル」。

やり方はとても簡単で、聞きたいことや悩み事を心に念じながら、二十四種類のルーン文字の中から、気になる文字を一つ選ぶだけ。一見、まったくの偶然に選ばれたものと思うかもしれませんが、そのルーン文字こそ、今のあなたが心底求めていた「必然の選択」と考えます。神話の時代から語り継がれ、長い間、人々に愛され続けてきた神聖な文字だけに、目には見えない不思議な力が、あなたの心の奥底に眠る「秘密」を解き明かしてくれるのかもしれません。

二十四文字には、それぞれ抽象的なシンボルや意味が秘められていますから、たった一つの文字からさまざまなヒントを得られます。直感で掴み取った文字のシンボルを読み解くことで、あなたが今置かれている状況や悩み事、未来への答えなどが見えてくるでしょう。

占い方

心を落ち着かせ、ルーン文字に問いかけたいことを思い浮かべます。次ページのイラストの中から、今あなたがもっとも気になる文字を一つだけ選びましょう。

次に、選択した番号のルーン文字の神託を読みましょう。

※この占いは何度でも楽しめますが、同じ質問を問いかける場合は一週間以上、間を空けて行いましょう。

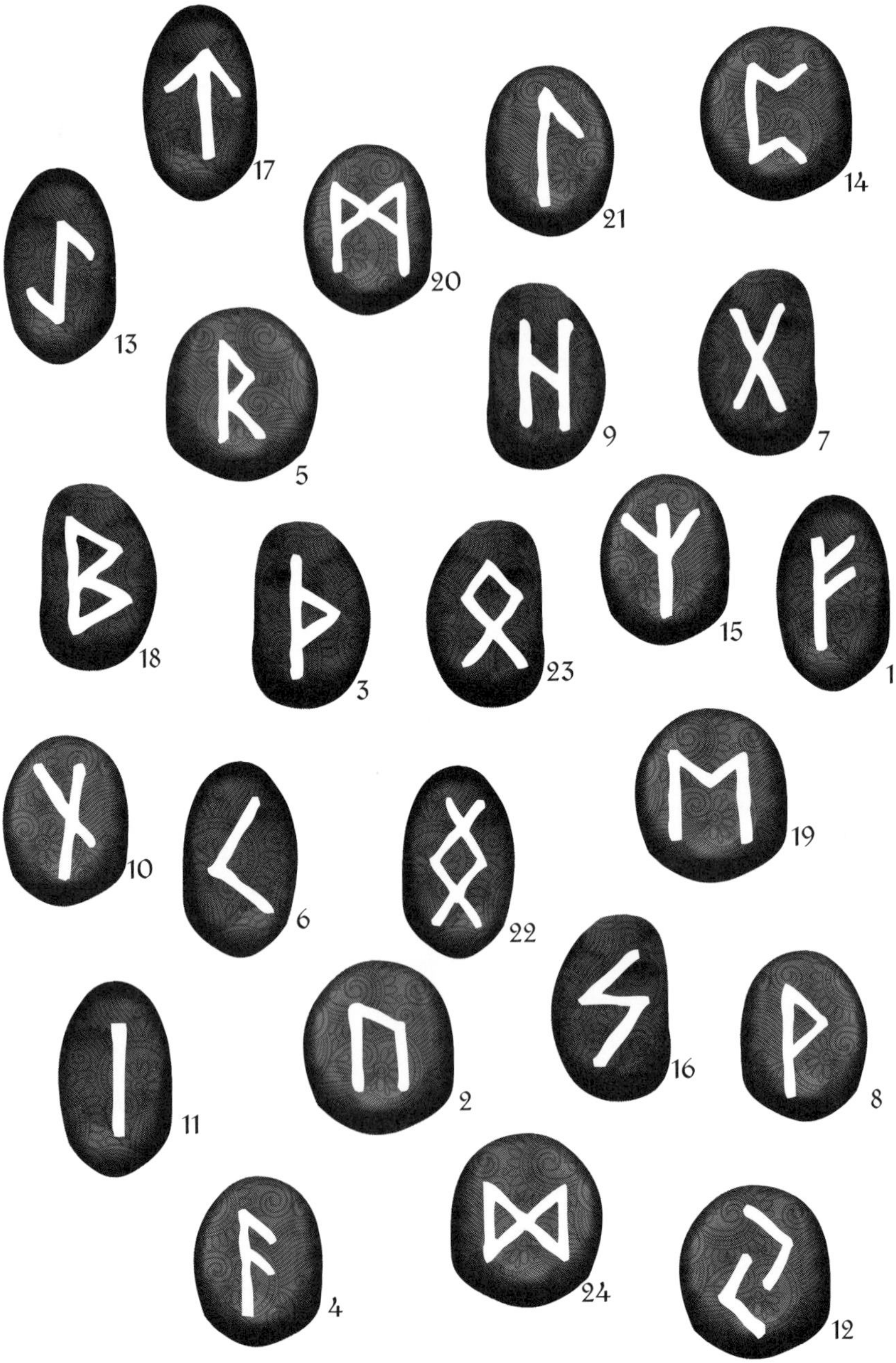
17
14
21
20
13
9
7
5
18
15
23
3
1
19
10
6
22
16
11
2
8
24
4
12

1

FEOH
【フェオ】

ますます増えていく財産と幸運

【ルーンの神託】

あなたが抱いていた悩みが解決し、これまでの苦労が報われる時期を迎えそうです。心配していた事柄もひとまず落ち着き、過去にあなたが選んだ道が間違いではなかったと証明してくれるでしょう。公私に関わらず、これまでに築いてきたものが実を結び、よい結果を生み出すことができそうです。密かな思いが通じたり、気になっていた人との関係が進展したりと、満ち足りた気持ちを味わえるはずです。

また、このタイミングで新しいことを始めてみるのもよいでしょう。今まではためらっていたような大きなチャレンジも、周到に準備を重ねてスキルアップしておくといずれよい結果をもたらしそうです。現在、努力を積み重ねておくほど、未来で得るものがより大きくなるでしょう。

【ルーンの意味】

「家畜」を意味する言葉です。家畜は北欧の人々にとっては大切な財産でした。英語の「FEE（謝礼、料金）」の語源でもあり、物事の成長という意味です。

【キーワード】

F、明るめの赤、月、金星、エネルギッシュ、財産、長い交際、積み重ね

2

UR
【ウル】

野生の牛のような底力を見せる

【ルーンの神託】

現状を変えるのは、あなたの行動次第のようです。抱えている悩みをそのままにしていても、何も解決しません。「こうしたい」と願うことがあるのなら、どんどん実行しましょう。失敗するかもしれないと恐れている事柄も、あなたの「やりたい」という気持ちに素直にしたがって大丈夫。より心が沸き立つ道を選択することで、同じことのくりかえしだった日常が、ドラマティックなものに変わるでしょう。

仕事なら大きなプロジェクトを任されたり、転職や独立の機会に恵まれたり、プライベートなら一目惚れや突然のプロポーズといった、驚くような展開が待ち受けていそうです。ただし、やりすぎは禁物。行動力がありすぎて疲れてしまっては本末転倒です。自分を律することが成功を導きます。

【ルーンの意味】

このルーンは、古代の野生の牛「バッファロー」を意味しています。荒々しく、ダイナミックな、強いエネルギーの象徴です。

【キーワード】

U、深緑、火星、野性的、生命力、積極的なアプローチ、忍耐、キャリアアップ

内なる衝動を抑えきれるかがカギ

3

THORN
【ソーン】

【ルーンの神託】

心の奥底に眠る潜在意識が、あなたの行動に影響を与えているようです。このルーンは、感情や欲望に振り回される今のあなたに対する警告です。「やめたいのに、やめられない」と、頭ではわかっているのに自らの行動を制御できないのであれば、危険信号。冷静に状況を見きわめ、慎重な言動を心がけましょう。今は大きく動かずに傍観することが必要です。すさんだ心や他人への不満といったネガティブな感情に基づいて行動してしまうと、周りからの反感を招いてしまうかもしれません。

まずは心を落ち着けて、衝動に振り回されないようにすることが第一です。悩みを素直に友人や家族に打ち明けるのもよいでしょう。上司や親など、目上の人の言葉があなたを救うカギになりそうです。

【ルーンの意味】

人間にとって脅威の存在である「巨人」と、ちくりと刺さる「トゲ」を意味しています。潜在意識に翻弄されることを警告するルーンです。

【キーワード】

Ｔｈ、明るめの赤、木星、原始的な衝動、冷静な判断、慎重さ、現状維持

コミュニケーションスキルで問題解決

4

ANSUR
【アンスール】

【ルーンの神託】

あなたが何を考えているのか、それを「言葉」にして表現し、周囲とコミュニケーションすることが肝要です。積極的に他人と関わり、あなた自身の考えや気持ちを伝えていくことが、よい結果につながると暗示されています。

このルーンには「情報」の意味も表しており、予想外のところからあなたの助けとなる重要なアドバイスや意見が得られることもありそうです。同僚や友人との雑談や、ふと目にした雑誌の文章、テレビやネットで触れた言葉から、あなたにとって重要な何かを得られるでしょう。なかでも年上の人物の意見には重要なヒントがありそう。久々に会う親戚や、古い友人を訪ねるのもよさそうです。素直な気持ちで彼らの言葉に耳を傾けてみましょう。

【ルーンの意味】

人間だけが持つコミュニケーション能力を意味し、「言葉」や「口」を象徴するルーンです。重要な情報を手に入れるという暗示も含まれます。

【キーワード】

A、暗い青、水星、情報、知識、伝達、遺産相続、留学、コミュニケーション

大きな変化の波が襲いかかる

5

RAD

【ラド】

【ルーンの神託】

大きな変化が突然訪れる暗示が出ています。これまで滞っていたことが大きく動き出すタイミングなので、このチャンスをものにするための心構えをしておきましょう。もしあなたが現状に不満を抱いており、新しい世界へ飛び出したいと思っているなら、その気持ちのまま前進あるのみ。

「旅」や「移動」がキーワードになっているので、転職や出張、引越しなどにも縁があるでしょう。思い切って海外旅行に出かけるのもよさそうです。心のおもむくままに行動すれば、新たな人やものとの出会いも期待できます。思いもよらない幸運が訪れるかもしれません。この機会に、遠方の友人や知り合いに電話やメールで連絡を取ってみるのもよいでしょう。

【ルーンの意味】

「車」や「車輪」を表すルーンで、古代社会では旅や移動のシンボルです。急激な変化や進展、旅を意味しています。

【キーワード】

R、明るめの赤、水星、好奇心、目標達成、希望、電話、手紙、出張、商売

炎のような情熱が勝利を導く

6

KEN

【ケン】

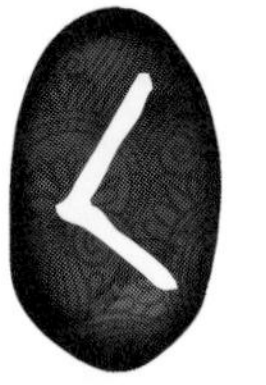

【ルーンの神託】

あなたの心の中で燃える「炎」が力を与えてくれます。自分の決断を信じて突き進めば、本来持っていた能力を発揮して素晴らしい結果を得ることができるでしょう。心の内からマグマのようにふつふつと湧き上がる情熱がエネルギーとなって、あらゆるものに積極的に取り組めるようになります。この機会を逃さず、恋に仕事に夢にと、欲張って取り組むとよさそうです。

果敢にチャレンジすることで、あなたにふさわしいパートナーと結ばれたり、お誘いが増えたりすることも増え、良好な交友関係が築けるに違いありません。親と子、上司と部下、先輩と後輩、師匠と弟子といった関係によい変化が訪れる兆しも出ています。

【ルーンの意味】

このルーンが意味するのは燃え盛る「炎」。熱くダイナミックなエネルギーと、それに伴う勇気や行動力を暗示しています。

【キーワード】

K、アマ、火星、直感力、太陽、新しい恋、自己表現、プロポーズ、指導的役割

無償の愛が幸運をもたらす

7

GEOFU

【ギューフ】

【ルーンの意味】

「Gift」の語源となった言葉で、「贈り物」を意味します。また「愛すること」も表しており、「ラブ・ルーン」という別名もあります。

【キーワード】

G、ディープブルー、金星、ラベンダー、社交的、福祉、無性の愛、才能、告白

【ルーンの神託】

あなたの中の「愛」が高まっていることを暗示しています。あふれるほどの愛する気持ちは、周りの人にもきちんと伝わるでしょう。意中の人に思いが通じたり、交際中のパートナーとの結婚の話が進んだりすることもあるかもしれません。あなたの深い愛は、どんな障壁もものともせずに乗り越えていく力を持っています。相手を思う無償の愛が、お互いの関係を確かなものにしそうです。もし気が合わないと感じる人がいても、愛を持って笑顔で対応するとよいでしょう。

　また、心が満たされることを求めて、自分と社会とのつながりについて思考する時期でもあります。利己的にならず、社会の一員としての役割を認識し、行動することが求められるでしょう。

喜びが舞い降り、人生が満たされる

8

WYNN

【ウィン】

【ルーンの意味】

人生における「喜び」を象徴しています。心が満たされていることを暗示し、心身ともに豊かな状況へと導きます。

【キーワード】

W、黄色、アップル、金星、土星、喜び、ハイセンス、息の長い愛情、充実

【ルーンの神託】

最近なんだかツイていないと思っていませんか？そんな状況を打破する暗示が出ています。近い将来、あなたの望むように物事が進んでいくようになるでしょう。不運な事態が一変して幸運が舞い込み、人生の充実を実感するようになるに違いありません。

　思いがけない収入に恵まれるなんてラッキーも期待できるでしょう。「移動」が幸運をもたらす暗示も出ているので、旅行や出張には積極的に行くようにしましょう。海外からお得な情報が入手できることもありそうです。一方で、クリエイティブなことに向いている時期でもあるので、アート系の趣味を始めてみたり、美術や音楽鑑賞などで芸術に触れる機会を増やしてみるとよいでしょう。

運命の変化は突然やってくる

9
HAGALL
【ハガル】

【ルーンの意味】
天から降ってくる「ひょう」を表しており、大切な作物を荒らすものの象徴です。予想外のアクシデントや災いを暗示しています。

【キーワード】
H、ライトブルー、土星、ユリ、洞察力、心の葛藤、変化の前触れ、成長

【ルーンの神託】

わずかな油断が命取りとなる暗示が出ています。このルーンが伝えようとしているのは、未来の災いに備えよということ。あなたが積み上げて来た努力や信頼が、ささいなミスで無に帰す可能性があります。そのような事態を避けるためにも、今まで以上に注意深く物事に対処しましょう。一人では太刀打ちできないアクシデントに見舞われるかもしれませんが、事前にあらゆる準備を怠らないでいることが大切です。

人間関係においても同様に注意が必要です。何気ない一言で関係に亀裂が入ったり、相手の心変わりに傷つくことがあるかもしれません。人生は常に順風満帆とはいかないものです。今はおとなしくして、大きな決断や行動は避けましょう。

満たされない気持ちが爆発

10
NIED
【ニイド】

【ルーンの意味】
英語の「NEED」の語源であり、「必要性」「欠乏」を意味しています。物質的な貧しさ、精神的な飢餓を暗示しています。

【キーワード】
N、黒、土星、必要性、思慮深い、独占的、忍耐、ハングリー精神、欲求不満

【ルーンの神託】

現状に満足できず、何かを渇望する気持ちがあるのではないでしょうか。自分がすでに持っているものでは飽き足らず、新たに何かを求める気持ちが強く出ている、とルーンが暗示しています。または、物質面は充足していても、精神面では不満を抱えているのかもしれません。心の声に耳を傾け、あなたが本当に求めているもの何なのか、今一度見つめ直す必要がありそうです。

たとえ飢餓感があったとしても、その気持ちのままに行動するのは危険です。焦りがつまらないミスを引き起こしたり、望まない結果につながるといったこともありそうです。結論を急がずに、計画性を持って慎重に行動をすることが求められている時期といえるでしょう。

我慢と忍耐の小休止の時期

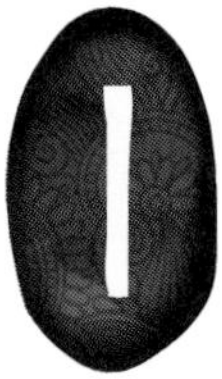

11

IS

【イス】

【ルーンの意味】

この「氷」を意味するルーンは、古代の北欧の人々がもっとも恐れを抱いていた自然の脅威です。停滞する状況、情熱の消失などを暗示しています。

【キーワード】

I、黒、木星、冥王星、無限の可能性、冷める、停滞、二面性、別離、スランプ

【ルーンの神託】

今は雪解けを待つ冬の時期といえるでしょう。周りから孤立し、悲しい思いをするかもしれません。トラブルに見舞われ、悩み苦しむこともあるでしょう。人間関係がうまくいかず、テンションが下がり、ネガティブな気持ちにとらわれてはいませんか？しかし、厳しい冬は永遠には続きません。いずれ訪れる春はすぐそこです。

　アンラッキーが続いたとしても我慢の時期と認識し、くよくよするのはもったいないと割り切ってしまいましょう。これから訪れるチャンスのために、今はパワーを温存しておくのです。現在のあなたを苦しめている悩みも、未来に待っている幸運の糧となると考えることができれば、乗り越えることができるはずです。

実りと収穫の時期が訪れる

12

JARA

【ヤラ】

【ルーンの意味】

実りの時期を暗示しており、「収穫」や「1年」の意味を持ちます。何かしらの成果を得ることを表しています。

【キーワード】

J、ライトブルー、水星、ローズマリー、実り、理想主義、努力家、自分の磨き

【ルーンの神託】

これまで努力してきたことが、ようやく実を結ぶ時がきたようです。厳しい試練の時期を耐えてきた人ほど、得られるものの大きさを実感するでしょう。長く思いを寄せていた人と両思いになったり、仕事で結果を出して周囲の評価を得られたりと、積み重ねた努力に見合った成果を手にすることができます。努力が足りなかったという人にも、未来につながる何らかの収穫はあるはずです。

　今のあなたであれば、多少の困難もプラスに変えることができそう。周囲とも良好なコミュニケーションがとれるので、家族や友人との関係もよりいっそうすばらしいものになるでしょう。困ったときは「基本」を忘れないことが、次のステップに進むカギとなります。

サイクルの終わりと始まり

13

YR
【ユル】

【ルーンの神託】

あなたにとって、何かが終わり、新しい始まりの兆しが見えている時期だとルーンは示しています。現在は、物事が進まず停滞感を抱いているかもしれません。身動きの取れない状況に憤ることもあるでしょう。行きづまりを感じているものが、仕事や人間関係、将来など、何であったとしても進むべき道が変わる時がきたのです。

今一度、「自分はこれからどう生きたいのか?」「本当の幸せとは?」と、人生や幸福について改めて自分に問いかけてみましょう。その答えが見つかった時、あなたをしばりつけている過去の呪縛や不毛な人間関係から解放されるはずです。そして心の声にしたがって、新たな一歩を踏み出しましょう。大きなチャンスがあなたを待っています。

【ルーンの意味】

「イチイの木」を表すルーンで、ヨーロッパでは「死」の象徴です。1つのサイクルの終わりと始まりを意味しています。

【キーワード】

Y、ダークブルー、木星、始まりと終わり、転換期、地道な努力、大器晩成

偶然の幸運があなたに微笑む

14

Peorth
【ペオース】

【ルーンの神託】

今のあなたには幸運の女神が微笑んでいるといえるでしょう。悩んでいたことが、思いがけない「偶然」によって解決しそうです。普段は無謀だと感じて挑戦しなかったことも、今のあなたなら成功しそうです。何事もやってみなければ成果を得ることはできません。自分ならできると信じて、思い切って試してみましょう。強運が味方して、きっとよい結果を得ることができるはず。

さらに、なくしたものが見つかるといった、ささやかなラッキーがたくさん起こりそうな予感も。偶然、役立つ情報を耳にしたり、自分でも気づいてなかった能力が認められたり、意外なつながりから新しい人脈を手に入れたりと、予想外の出来事があなたの人生に幸せを呼び込むでしょう。

【ルーンの意味】

このルーンが表すのはギャンブルに使用する「ダイスカップ」。幸せを呼ぶ、偶然の出来事やハプニングの象徴です。

【キーワード】

P、黒、火星、不屈の精神、純粋、リスク、ハプニング、チャンス、投資、投機

仲間があなたの窮地を救う

15

Eolh

【エオロー】

【ルーンの意味】

「大鹿」を意味するルーンです。大鹿は群れを作るので、そこから「友情」「仲間」を象徴するものとなっています。

【キーワード】

Z、白、木星、金星、個性的、楽観主義、友情、保護、チームワーク、設備投資

【ルーンの神託】

仲間の大切さを実感することになりそうです。自分一人の力では解決できなかったトラブルも、周囲の助けを得ることで乗り越えることができそうです。悩みを一人で抱えるのではなく、友人や家族を頼ってもいいのだと心に留めておくとよいでしょう。自分では思いつかないアドバイスがもらえたり、あなたを邪魔する人間や難題を避けることができるはずです。

対人関係に恵まれる時期でもあるので、心を許せる仲間との縁を大切にしましょう。食事会や習い事、趣味の集いなどには積極的に参加してみるとよさそうです。そこから新たな友を得たり、恋が芽生えたりすることも期待できます。

燦然と輝く名誉と成功を得る

16

SIGEL

【シゲル】

【ルーンの意味】

地球に生きるすべてのものを照らす「太陽」のルーンです。「名誉」「成功」を得ることも暗示しています。

【キーワード】

S、金色、太陽、元気、ユニークな発想、勝利、成功、明快な思考、セックス

【ルーンの神託】

あなたの持つ力が高まっている時期です。今までの困難な状況にも解決の兆しが見えてきます。どんな人が相手でも真摯に向き合い、堂々とした態度で接することが問題解決につながるはずです。また、落ち着いて物事に対処することで、あなたにとって何が一番大事なのかが見えてきます。

これまでの努力が報われ自信を持つことができ、そんなあなたを支えてくれる周りの人のあたたかさにも気づくことができるでしょう。ポジティブでいることがよい結果を導きます。あなたの価値を周囲も気づき、よい信頼関係が生まれていきます。新たな目標に挑戦するのもよいでしょう。自分ならできると信じることが、明るい未来につながります。

勇気と力がどんどん満ちてくる

17
TIR
【ティール】

【ルーンの意味】

ティールとは、北欧神話に登場する戦いの神の名と同じ。軍神のごとき「勇気」と「力」を象徴するルーンです。

【キーワード】

T、明るい赤、火星、強運、戦士、勇気、スタミナ、情熱的なアプローチ

【ルーンの神託】

戦いの神・ティールのように強い心を持て、とこのルーンは告げています。何か問題を抱えているとしても、勇気を持って解決に臨めば必ずよい結果につながるでしょう。今あなたの心の中にある熱意や勇敢さを、行動するための原動力としてください。心からの気持ちにしたがった実直な言動は、相手にも必ず伝わります。電撃的な出会いや燃えるような恋の訪れも暗示しています。

もし意気揚々としているあなたを妨害する人が現れたとしても、真っ向勝負で臨んでみましょう。あなたの人生を生きるのはあなただけ。他の誰でもない自分自身の思いを大切にしてください。今の時期は、スポーツの大会やコンテストなどで栄誉を授かる可能性もあります。

穏やかな日々がやってくる

18
BEORC
【ベオーク】

【ルーンの意味】

「カバの木」を意味するルーンで、ヨーロッパでは母性の象徴です。子どもを慈しむように物事が展開することを暗示しています。

【キーワード】

B、ダークグリーン、月、木星、不屈の精神、純粋、甘える、思いやり、出産

【ルーンの神託】

スムーズかつ穏やかにすべての物事が進んでいくことが示されています。流れに逆らわず、身を任せるとよいでしょう。いずれありのままの自分で生きることができるようになります。また、あなたのすぐそばにいる人たちのあたたかさを実感することが起こりそうです。刺激に満ちたドラマティックな出来事ではなくても、ゆっくりと愛を交わし合うことや、あなたの気持ちが着実に周りに伝わるようになったり、家族や友人が祝ってくれたりということもありそうです。

これまで積み重ねてきた努力が結実し、関わってきたジャンルでの成功や発展がありそうです。欲に溺れないようにすれば、チャンスをつかめるでしょう。

信頼のおける友があなたを導く

19
EOH
【エオー】

【ルーンの意味】

このルーンが意味するのは、古くより人間の友であった「馬」で、「信頼」を表します。また新天地を切り開く物事の象徴でもあります。

【キーワード】

E、白、水星、負けず嫌い、行動的、素早い決断、発展、猪突猛進型

【ルーンの神託】

あなたが現場に行きづまりを感じているのなら、助けてくれるのは周りの友人たちです。このルーンは、身近な人々があなたをよりよい未来へ誘ってくれることを示しています。友人や知人のアドバイスやコネクションで仕事や転職がうまくいくなど、あなたの力になってくれる人が現れるでしょう。さらに、かつてお世話になった人や目上の人から、役立つ情報を得たり、気の合う人物を紹介されることも。それがいずれ、恋人や結婚相手といった関係に発展する可能性もあります。

今のあなたに必要なのは自分一人ではなく、周囲の存在です。常に周りに目を向け、今まで縁がないと思っていたジャンルに関わっていくことになる場合もあります。

助け合いの精神が事態を打開する

20
MANN
【マン】

【ルーンの意味】

「人間」を意味するルーンでMAN（男）と同じルーツを持ちます。2人の人が肩を寄せ合った状態を表し、お互いの「助け合い」の象徴です。

【キーワード】

M、赤、土星、誠意、謙虚、強い主張、論理的、プライド、ライバル、潜在能力

【ルーンの神託】

今、もっとも大切なのは周りの人々と協力し合うことです。自分だけで悩んでいても問題は解決しません。お互いに知恵と力を出し合い、チームワークをもって物事にあたるとよいでしょう。意地を張らずに、信頼できる人のアドバイスを聞き入れる心構えを持ちましょう。助けを乞うと同時に、トラブルを抱えている友人、知人がいるのなら迷わず力を貸すべきです。積極的に他人と関わっていく中で自然と絆が生まれ、心を許せる相手になったり、縁がなかった人と意外なところでつながっていたりと、これまで以上に豊かな人間関係が育めます。

師と仰ぐべく人や言葉との出会いもありそうです。また、もしトラブルに陥ったら、感情的にならず論理的に話し合うとよいでしょう。

豊かな感情や想像力が溢れ出す

21

LAGU
【ラーグ】

【ルーンの神託】

心の奥底に潜んでいた、あなたの感受性やイマジネーションの力がより高まることを暗示しています。ロマンティックな恋物語に心を震わせたり、初めて会った人にときめいたり、感動して涙を流したりと、感情を揺さぶられることが多そうです。思い悩むことがあったら、取るべき道はあなたが心地よいと感じるかどうかで決めましょう。理屈っぽく頭で考えることよりも、今は心の声にしたがうべきです。

さらに、仕事やプライベートを問わず、クリエイティブな作業に向いている時期でもあります。しかし、感情のままに突き進むあまり、理性が欠けてしまうことも。甘い誘いには乗らず、やるべきことはきちんと行い、現実をしっかりと見る目も必要です。

【ルーンの意味】

「水」を表すルーンで、心の動きや無意識の世界を意味しています。豊かな感情やイマジネーションを暗示しています。

【キーワード】

L、ダークグリーン、月、発想力、ムード、妄想、センチメンタル、直感力

実りの時期はもう目の前に

22

ING
【イング】

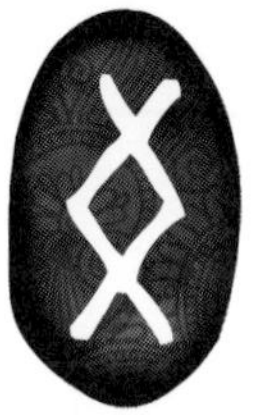

【ルーンの神託】

今のあなたは新しい何かを生み出すパワーに満ちています。大事なのはそのあふれる情熱を、願いを実現するための努力に活かすこと。古くさい常識にしたがう必要はありません。あなたが何をしたいのか、どんな自分でいたいのかという心の声に耳を傾け、突き進みましょう。

その結果、毎日が今まで以上に輝き出し、かなわないと思っていた相手と結ばれたり、新しい出会いに恵まれたりするでしょう。悩んでいたことも解決し、欲しかったものを手に入れ、周囲の賞賛を得ることもありそうです。あなたの人生のターニングポイントとなるようなことが起こる可能性も。これまでの努力が結実する時は、目の前に迫っています。

【ルーンの意味】

北欧神話で多産と豊穣の神であるフレイの別名が「イング」です。豊かな可能性を与える守り神として、「実り」を象徴します。

【キーワード】

ing、黄色、マリーゴールド、新鮮、満足、節目、若々しい、飽きっぽい

家や伝統の狭間で折り合いをつける

23

OTHEL

【オセル】

【ルーンの意味】

このルーンの意味は「故郷」。先祖や伝統といったものの力が強く、生まれ育った環境に左右されることを暗示しています。

【キーワード】

O、深い黄色、土星、火星、伝統、保守的、冷静、不動産、投資、年上の人

【ルーンの神託】

揺るぎのない関係性や居場所を欲したり、古くからあるものを大事にしたりと、安定志向が高まっているようです。そうすることに息苦しさは多少あるものの、本音では安心しているのではないでしょうか。一見、地味でつまらないと思えるような日常も、人生という長い目で見れば、得るものもありそうです。お見合いから縁が生まれたり、家宝や財産を継いだりすることも。

もし、しきたりや慣習に縛られて行動を抑制されていると感じているのであれば、あなたがしたいことと、すべきことの間の妥協点をうまく探ると答えが見つかりそうです。

終わりは次なるステージへの始まり

24

DAEG

【ダエグ】

【ルーンの意味】

夜になり、朝が来るという「1日のサイクル」を表しています。このことは1つのステージの終わりも意味しています。

【キーワード】

D、ライトブルー、太陽、創造力、意欲、感謝、増加、着実な進歩、心境の変化

【ルーンの神託】

大きな変化ではありませんが、ゆっくりと確実に物事は動き始めています。今、あなたが抱えていることが終結し、新たな舞台に進もうとしているのです。その結果、これまでの人間関係が変化したり、あなた自身の考えが一変したりするかもしれません。すべては次なる世界への始まりなのです。

その終わりは突然かもしれません。しかし恐れることはありません。今までの殻を破って成長するために必要なことなので、このムーブメントに逆らわずに前進しましょう。また、将来の目標や夢のために、できることから始めてみるとよいでしょう。小さな積み重ねがやがて大きな変革をもたらします。

5 ルノルマンカード占い

伝説の女性占い師にあやかって
命名されたこのカードは、
あなたに具体的な助言をくれます

5 ルノルマンカード占い

～ドイツで占い用に販売したのが始まり。伝説のカード占い

偶然選んだ一枚のカードがあなたを導く

近年、タロットやトランプ、天使カードとも違う新たなオラクル（予言）カードとして注目を浴びるようになり、タロット愛好家たちを中心に世界各地でブームが起きている「ルノルマンカード」。十八世紀頃、フランス革命からナポレオンの時代にかけてパリで活躍していた伝説の占い師、マドモアゼル・ルノルマンの名前を冠した占いカードです。

ナポレオンの未来を予言したり、ナポレオン妃のお抱えの占い師だったりと数々の伝説が残されているマドモアゼル・ルノルマンですが、実はこのカードとは本来、なんの関わりもありません。もともとは日本で言う「すごろく」のようなゲームだったカードに目をつけたドイツのカード会社が、これを占い用カードとして売り出すときに、ルノルマンのネームバリューにあやかってその名をつけたのです。

ルノルマンカードの最大の魅力は、そのシンプルさと具体性にあります。36枚のカードをシャッフルして、カードを一枚引くだけ。タロットほど複雑さやオカルティックなイメージはなく、また現代のオラクルカードのように説教臭かったり道徳的すぎたりすることもありません。

たとえば「転職は成功しますか?」「この恋の行方は?」といった質問に対しても、一枚のカードでイエス・ノーというはっきりとした答えを示してくれますし、具体的なアドバイスをくれます。たとえ、どのような結果でも率直に答えてくれるだけでなく、その正確な予言力にも驚くでしょう。

本書では、ルノルマンカードを持っていなくても占いを楽しめるように、「ルノルマンボード」を使用します。

占い方

① 目を閉じて、質問を思い浮かべながら、次ページのルノルマンボードを指差しましょう。

② その指先にあるナンバーが、あなたが選んだカードです。65ページからの解説を読みましょう。

ルノルマンカード占いをもっと楽しむために

ルノルマンカードは「クローバー=♦の6」のようにトランプのマークや数字と対応しているため、カードが手元になくても「トランプカード」で代用することができます。♥、♦、♠、♣のA、6、7、8、9、10、J(ジャック)、Q(クイーン)、K(キング)をそれぞれ準備しましょう。計36枚のトランプをシャッフルして引いたカードを、解説でチェックしてください。

カードに慣れてきたら、ひとつの問いに対して、ルノルマンボードを2回指差したり、トランプを2枚引いてみたりしましょう。ルノルマンカードはもちろん1枚でも未来を示してくれますが、シンボル同士を複数組み合わせて読むことで、より具体的な結論を導き出すこともできます。たとえば、「27・手紙」と「14・キツネ」が出た場合、「うわべだけのラブレター」や「詐欺メール」といった可能性があるかもしれません。カードの意味をよく吟味して、イメージをふくらませてみることで、占い結果の幅がぐっと広がるはずです。

〈ルノルマンボード〉

1 騎手

対応トランプは ♥ 9

新たな出来事やキーパーソンとの出会い

伝達手段を暗示。大事なメッセージが届く予兆があり、たとえばメールやSNSなどから思いもよらない連絡が入るかもしれません。これまでの単調な日々とは比べものにならないほど、スピーディーな展開が待っています。また、今後のあなたの人生においてとても重要な人物と出会う可能性もあるでしょう。

恋愛運
恋の進展はスムーズでしょう。遠出のデートがおすすめ。

仕事運
価値ある情報を得るでしょう。新しい仕事に挑戦できます。

幸運を運ぶもの
競馬場・レース場・駅など乗り物に関する場所。

2 クローバー

対応トランプは ♦ 6

苦しみは去り、幸運がやってくる

古来、クローバーは幸運の象徴。ワクワクするような素敵なことが起こりそうです。思いもよらないラッキーなことが起こり、実力以上の成果を発揮したり、素晴らしい良縁に恵まれたりすることも。もし今、あなたがつらい状況にあるなら、まもなく終わります。晴れ晴れとした気持ちで前を向けるでしょう。

恋愛運
良縁に恵まれるでしょう。新たな出会いから恋が始まる予感。

仕事運
リスクはあるが大きなチャンスです。成功して利益を得ます。

幸運を運ぶもの
公園などの緑地が◎。四葉や馬齢のお守りを身につけて。

3 船

対応トランプは ♠ 10

まだ見ぬ世界へ、いざ飛び込もう

大海原を航海する船は旅立ちの象徴。留学や海外出張といった人生を大きく変える出来事が待っているかもしれません。あるいは、これまでなら尻込みしてしまうような大きな挑戦を行うのかも。夢や目標がある人なら、貴重な第一歩を踏み出せるでしょう。停滞していることがあれば、いよいよ動き出します。

恋愛運
旅行先での出会いが期待できます。遠距離恋愛の可能性も。

仕事運
長期的な目標や計画を立てましょう。今がスタート地点です。

幸運を運ぶもの
船や飛行機に乗って知らない土地へ出かけると◎。

4 家

対応トランプは ♥K

自らの基盤となる場所を整える時期

心から休まるホームは、文字通り住環境や家族を暗示し、何らかの変化が訪れることを表します。家族やそれに近しい人との絆が深まるような出来事があるかもしれません。普段暮らしている場所を整えることで幸運を引き寄せるでしょう。家族の協力を得られるときでもあるので、感謝の気持ちを伝えて。

恋愛運
同じ地元の人と恋に落ちそう。同棲を始めるのもいい時期です。

仕事運
アットホームな職場環境です。デスクや身の回りの整理整頓を。

幸運を運ぶもの
愛用している家財が◎。家族や同郷人との関係を大切に。

5 樹

対応トランプは ♥7

正しい方向に成長している

すくすくと育つ樹は、健康や成長のシンボル。今は忙しくて疲労が溜まっている人も、しばらくは心身共に落ち着けるでしょう。また、あなたは正しい方向に向かって努力を続けています。これまでコツコツと続けてきたことは、のちに必ず大きな花を咲かせるでしょう。迷わず、そのまま突き進んでください。

恋愛運
心から惹かれ合う人と出会えそう。ゆっくりと愛情を育んで。

仕事運
基礎や基本を学び直すチャンス。資格や昇進試験に挑戦して。

幸運を運ぶもの
観葉植物や木製のアイテムをお守りにしましょう。

6 雲

対応トランプは ♣K

先行きが見えず、不安にかられるかも

ふわふわと漂う雲は、不安定さの象徴。吉凶混合運を表し、これまでと同じやり方で継続することに危険信号を出しています。これから訪れる激しい雷雨に備えて、いったん足を止める必要があるでしょう。物事の本質が見えづらい状態かもしれませんが、周囲をよく見て冷静さを失わずに対応しましょう。

恋愛運
気持ちのすれ違いが起こりやすいため、感情の抑制が大切。

仕事運
予期せぬトラブルやアクシデントで目標を見失う可能性が。

幸運を運ぶもの
すっきり晴れ渡った青空を眺めましょう。

7 ヘビ

対応トランプは ♣Q

人のダークな一面を垣間見る恐れ

ヘビは、隠れた敵の策略や、甘い誘惑を表します。今が順調であればあるほど、周囲の人からの裏切りや妨害に注意したいときです。また、都合のいい話に乗せられてトラブルに発展しそうな暗示も。冷静になり、堅実な判断を心がけましょう。体調を崩す恐れもあるので、この時期は徹底した健康管理を。

恋愛運
恋のライバルが現れそう。嫉妬の感情に支配されがちに。

仕事運
ライバルが台頭してきそう。知性で対抗すると勝てます。

幸運を運ぶもの
嘘をつかない純粋な人との交流を楽しみましょう。

8 棺

対応トランプは ♦9

何かが終わり、新たな物語が始まる予兆

死者が眠る棺は、物事の終焉と始まりを暗示。行き詰まった状況が完結し、新たなスタート地点に立つことを表しています。古い自分の殻を脱ぎ捨て、生まれ変わったような自分と出会うチャンスでもあります。何かを終わらせることは痛みを伴うかもしれませんが、未来へと進む重要なステップでもあります。

恋愛運
恋人との関係が潮時を迎えます。偽りの気持ちはもう捨てて。

仕事運
逆転の発想やアイデアを活かして。進行中の仕事が終了するかも。

幸運を運ぶもの
海や繁華街など眩しい場所がラッキーでしょう。

9 花束

対応トランプは ♠9

思いがけない幸運が降ってくる

花束はサプライズに満ちた幸福や体験、感謝の気持ちなどを暗示しています。この先、想像もしなかったような幸運があなたを待っているでしょう。素晴らしい贈り物をもらったり、高級感溢れる場所に誘われたりするなど、ワクワクするような出来事が目白押し。感受性が豊かになり、美意識もアップします。

恋愛運
好調です。ときめくような出会いや新たな恋の予感がします。

仕事運
快適な職場環境が整い、臨時ボーナスや昇給の可能性も。

幸運を運ぶもの
花やジュエリーなど美しいアイテムや、高級な空間が◎。

10 鎌

無慈悲な運命が状況を強制的に動かす

対応トランプは ♦J

不条理な出来事や容赦のない運命を暗示している鎌。思いがけないトラブルやアクシデント、大切な人との不本意な別れ、といったなんらかの試練が待ち受けているかもしれません。一方、収穫というポジティブな面もあり、長い時間をかけて育ててきた物事が実り、収穫の時期を迎えることを告げています。

恋愛運
恋人との別れの暗示。悪縁を断ち、自由な恋愛が始まります。

仕事運
予想外のアクシデントで、辞職や異動をすることになるかも。

幸運を運ぶもの
腕時計を常に身につけ、時間を意識してください。

11 鞭

己を甘やかさず苦難に立ち向かって

対応トランプは ♣J

争い事を暗示する鞭が出たということは、たとえば家族や友達となんらかのトラブルや軋轢が生じるかもしれません。特に家庭内の衝突には要注意です。一方、成長のために己を鍛えることも暗示しているので、どのような状況でも自分を厳しく律することができれば、大きく成長できるチャンスでしょう。

恋愛運
誤解や口喧嘩に発展しやすいですが、性的には満たされます。

仕事運
職場内の連携不足で、意見がまとまりにくいかもしれません。

幸運を運ぶもの
ロックミュージックを聴きながら、ジムで汗を流して。

12 鳥

会話の中に飛び交うさまざまな情報

対応トランプは ♦7

さえずる鳥は、楽しいおしゃべりや情報を象徴しています。うわさ話やメール、ネットなどを通して思いがけない情報が手に入るかもしれません。このカードが出たら、もう一度、カードを引いてみましょう。いいカードなら楽しくためになるニュースを暗示。悪いカードなら、誰かが陰口を叩いているかも。

恋愛運
会話が弾む相手と出会えそう。友達からのアドバイスを参考に。

仕事運
コミュニケーション運が良好です。世間話がラッキーでしょう。

幸運を運ぶもの
SNS や口コミサイトをチェックすると耳より情報が。

13 子ども

対応トランプは ♠J

幼い子どものようにひたすら突き進む

純真無垢な子どもは、絶対的な信頼を暗示しています。自分の気持ちを偽ったり、相手の信頼を裏切るようなことをしたり、悪口に同調するようなことはNG。あなたの心の内側に眠る少年少女を呼び覚まし、真っ正直に突き進んでください。その純粋な想いに、周囲から尊敬の眼差しを向けられるでしょう。

恋愛運
初恋のようなピュアな恋愛を楽しめそう。遊び人には要注意。

仕事運
フレッシュな気持ちを抱き、楽しく仕事に取り組めるでしょう。

幸運を運ぶもの
幼少、学生時代の思い出の品があなたに力をくれます。

14 キツネ

対応トランプは ♣9

うわべだけのつき合いには要注意

キツネは吉凶混合のカードで、ずる賢さの象徴。今、厳しい状況にあるなら、正攻法よりも策略を練ることで乗り越えられるでしょう。一方、誰かに騙されていたり、悪だくみをしている人が近くにいたりするという暗示も。やけに優しく接してくる人にはご用心。あなたの大事なものを狙っているかもしれません。

恋愛運
不誠実な相手をかわすテクニックを身につければ、恋敵に勝利。

仕事運
一枚上手のライバルが現れそう。策に溺れる可能性があります。

幸運を運ぶもの
推理小説やミステリー映画、謎解きゲームなどが◎。

15 熊

対応トランプは ♣10

カリスマ的存在として注目を浴びる予兆

強大な熊が表すのは、圧倒的な強者。今後、大きな権力を手にしたり、経済的な成功を収めたりする可能性があるでしょう。一方、独占欲も暗示していて、「力の使い方に注意せよ」というカードからの忠告でもあります。注目を浴びる分、周囲の妬みなどを買いやすいので、謙虚に振る舞うことが大切です。

恋愛運
器が大きくて頼れる人物と出会い、恋に発展しそうです。

仕事運
優秀な上司に恵まれ、大きな仕事が成功するでしょう。

幸運を運ぶもの
母性をくすぐるような人やものがラッキーです。

16 星

対応トランプは ♥6

希望の光の下、大成功を収める

星は古来、人々に方向を教える道しるべ的存在から、成功を暗示するカードです。恋や仕事など、これまで悩んでいたりう、やむやだったりした将来のビジョンがはっきり見えてきて、やるべきことがクリアになってくるでしょう。

後に人生を振り返ったとき、ターニングポイントとなるような時期といえます。

恋愛運
妥協しなければ◎。理想に近い相手と出会えるでしょう。

仕事運
モチベーションがアップ。精神・経済両面で成長できます。

幸運を運ぶもの
キラキラしている星型のアクセサリーを身につけて。

17 コウノトリ

対応トランプは ♥Q

環境が変わり、人生に変化が訪れる

人生に変化が訪れることを暗示しているコウノトリ。特に引越し、異動、転勤、転職といった「動く」タイミングが迫っていて、人生の転機が訪れようとしています。

また、コウノトリは赤ちゃんを運ぶ鳥といわれていることから、実際に子どもを授かったり、新しいアイデアや企画を生み出したりすることも。

恋愛運
現状維持は終わり、関係性が変化。移住するという暗示も。

仕事運
異動や転職、転勤などで、仕事内容が大きく変化しそうです。

幸運を運ぶもの
見晴らしのいい場所に旅行へ出かけるといいでしょう。

18 犬

対応トランプは ♥10

長年の友だちがあなたに道を示してくれる

まっすぐな忠誠心を向ける犬は、強い絆のシンボル。悩んだり迷ったりしたときは、あなたの親友を頼りにしてみてください。道を踏み外しそうになっても、正しい道に引っ張り戻してくれるでしょう。

また、重要なアドバイスをくれる存在が現れそう。あなたの人生の方向性を決める貴重な意見となるでしょう。

恋愛運
友情から恋愛へ発展しそうですが、プラトニックな関係を維持。

仕事運
上司との関係が良好になるでしょう。慕ってくる後輩の存在も。

幸運を運ぶもの
犬、猫など動物とふれ合うと心が落ち着くはずです。

19 塔

対応トランプは
♠6

成功を手にしますが保守的になりそう

成功を暗示する塔。長い苦労の果てに大きな目標を達成することを意味しますが、手に入れたものをなんとしても守ろうと保守的になってしまうかもしれません。

頑固になったり、一つのことに固執しすぎたりすると運気が下がるので、大人としての態度を心がけ、規律を守る姿勢を大切にしましょう。

恋愛運
お互いに尊敬し合える恋です。ただし、恋人を束縛しがち。

仕事運
仕事が停滞しそうです。規律を重んじることが重要でしょう。

幸運を運ぶもの
歴史的建造物や、話題の工場見学に出かけてみて。

20 庭園

対応トランプは
♠8

新たな世界で多くの出会いが待っている

社交の場である庭園は、人々との交流を象徴。趣味のサークルやセミナーなどに参加すれば、とても華やかで楽しい時間を過ごせるでしょう。あなたの世界を広げてくれるような、愉快な仲間との出会いも暗示されています。

ただし、甘すぎる友人には注意が必要。ぬるま湯に浸かり、成長が止まってしまいそう。

恋愛運
合コンなどで出会いの予感。居心地のいい恋人関係を築けそう。

仕事運
社外の人との交流が活発になり、楽しく仕事を始められそうです。

幸運を運ぶもの
料理、お茶、お花教室など普段は行かない社交場が◎。

21 山

対応トランプは
♣8

壁に阻まれ、物事が停滞する

巨大な山は、行く手を阻む強大な敵を暗示しています。ここまでスムーズに進んできたことが停滞したり、行く手になんらかの障壁が立ちふさがったりするかもしれません。

このカードが出たら、もう一度占いをやってみましょう。凶札が出たら忍耐のとき。今は動かず、立ち止まって時期を待ちましょう。

恋愛運
恋人との関係が停滞。相手に冷たくすると孤独が長引きます。

仕事運
プロジェクトが滞り、膨大な仕事量で四苦八苦しそうです。

幸運を運ぶもの
温かい場所がおすすめ。多人数で旅行に出かけましょう。

22 道

対応トランプは ♦Q

どちらに進むべきか、人生の岐路が訪れる

道は文字通り、あなたが歩むべき進路を表します。しかも目の前にあるのは二つの道。現実か理想か、仕事か恋かなど、どちらに進むかでこの先に歩む未来は違ってくるでしょう。

これまで迷わず進んできた人は、いったん立ち止まり、どのような人生を送りたいかをよく考えるべき。決めるのはあなたです。

恋愛運
今の恋に迷いを感じそう。半端な気持ちの決断はNGです。

仕事運
転職、退職、独立、起業など、夢に向かってスタートしましょう。

幸運を運ぶもの
地図や乗換案内を駆使して、道に迷わないようにして。

23 ネズミ

対応トランプは ♣7

忍び寄る災厄、気づいたときには後の祭り

忍び込みのプロであるネズミが象徴するのは、知らないうちに被った損失。隠された敵や災難があなたの背後にそっと忍び寄っているかもしれません。

たとえば、信頼していた友人に土壇場で裏切られたり、不本意な出費で貯金がなくなったり。今はとにかく周囲を警戒し、隙を見せないことが大切です。

恋愛運
恋にストレスがたまりそう。恋のライバルが登場する暗示も。

仕事運
些細なミスが大きな問題に発展しそうなので、秘密は絶対厳守。

幸運を運ぶもの
清潔なものが◎。部屋の片づけや掃除もきちんと行って。

24 ハート

対応トランプは ♥J

愛に包まれた時間が流れる

心臓の形を模したハートは、愛と優しさの象徴です。恋愛、家族愛、友愛、郷土愛など数多の愛があなたを優しく包み込むでしょう。この時期、家族や友人との絆がより深まる出来事が起こるかもしれません。

今は関係が悪くても安心して。お互いに気持ちが通いやすいときなので、あなたの真心は伝わります。

恋愛運
最高の恋愛運です。素敵な恋の始まりが待っているでしょう。

仕事運
心からやりがいを感じる仕事に出会えます。人から感謝されそう。

幸運を運ぶもの
ハートのアイテムがラッキー。恋愛映画のロケ地巡りも◎。

25 指輪

対応トランプは ♣A

永遠の誓いの象徴。かたい約束を交わす時

エンゲージリングを始め、誓いの儀式に不可欠な指輪は、かたい約束や永遠の愛を象徴。恋人との熱い恋愛や結婚が暗示されていますが、生涯つき合っていける友人との出会いや、生きがいとなる天職との出会いなども表しています。

意見をまとめたり、大きな決断をするのにいいタイミングでもあります。

恋愛運
婚約、結婚の暗示。結婚を意識する相手と出会えそうです。

仕事運
いいパートナーと契約できそうです。天職に巡り合えるかも。

幸運を運ぶもの
ブランド品のアクセサリーを身につけましょう。

26 本

対応トランプは ♦10

知識欲が湧き、学びの時期が訪れる

先人たちの知恵の結晶ともいえる本は、知識の象徴。あなたは今、何かを学び、知識を吸収してすくすくと成長していく時期ということ。

仕事のステップアップのために資格に挑戦するなど、明確な目標を定めて勉強を始めるといいでしょう。秘密を表すシンボルでもあるので、意外な情報を手にするかも。

恋愛運
2人だけの秘密や思い出を共有し、より親しくなれるでしょう。

仕事運
過去の資料が大きなヒントになります。資格を学びましょう。

幸運を運ぶもの
本や手紙など過去の記憶に有益な情報が。図書館通いも◎。

27 手紙

対応トランプは ♠7

大切な人から届く、心踊る言葉

手紙は文字通り、心のこもったメッセージや吉報が届くことを暗示しています。たとえば家族からの感謝の言葉や、友人からのあたたかい励まし、資格や試験の合格通知、レアなライブチケットの当選通知など。

他にも結婚の知らせや、友人のめざましい活躍など、明るいニュースがどんどん舞い込みます。

恋愛運
手紙やメールなどで、意中の人からの愛の告白がありそうです。

仕事運
新しい企画やアイデアが浮かびます。交渉は成功するでしょう。

幸運を運ぶもの
手紙やSNSなどで思いを文章にするとラッキーです。

28 紳士

対応トランプは
♥A

あなたの人生に影響を与える男性との出会い

紳士は、あなたにとって重要な男性との出会いを表します。一目惚れするほど魅力的な人や、頼れる友人、生涯の師となる恩師かもしれません。
一方、出会う男性は、必ずしも良縁とは限りません。うんざりするほどしつこい相手かもしれませんし、犬猿の仲になるライバルや仕事相手という可能性もあります。

恋愛運
スポーツ観戦など、男性の多い場所で新たな出会いがありそう。

仕事運
厳しいが頼れる上司に助けられそう。ライバルと競い合う暗示も。

幸運を運ぶもの
スポーツや車など男性が好みそうなものに関心をもって。

29 淑女

対応トランプは
♠A

あなたの生き方を左右する女性との出会い

あなたの生き方に大きな影響を与える女性との出会いを暗示する淑女。あなたの価値観や世界を広げてくれる友人、成長をうながす上司や同僚など、素敵な女性と出会えるでしょう。
一方、あなたを利用しようと近づくなど、悪い影響を与える女性と出会う可能性もあるため、よく見極めることが重要です。

恋愛運
料理教室など、女性的な場所に出会いやヒントがあるでしょう。

仕事運
権力をもつ女性に近づけば吉兆です。尊敬する上司との出会いも。

幸運を運ぶもの
ガーリーな装いで、女子会に出かけてみましょう。

30 ユリ

対応トランプは
♠K

品行方正な振る舞いで幸運アップ

ユリは聖母マリアのシンボルで、純潔という意味の花。清らかな正しい心で物事に取り組むことを暗示しています。この時期にズルをしたり、裏切ったり、ルールを破ったりするのは厳禁。
さまざまな欲望が押し寄せるかもしれませんが、理性的に判断し、品位のある行動を心がけることが大切なときでしょう。

恋愛運
プラトニックな恋か、快感をたっぷり得る恋になりそうです。

仕事運
安定した仕事運です。ベテランから多くを学ぶチャンス到来。

幸運を運ぶもの
ユリの花を飾ってみて。ランジェリーショップも◎。

31 太陽

対応トランプは ♦ A

エネルギッシュに自分を表現する

生きとし生けるものを照らす太陽は、大きな幸運の訪れを暗示します。不思議とエネルギーが内側から湧いてきて、自信をもって行動できるようになるでしょう。仕事で脚光を浴びたり、才能を褒められたり、大勢に祝福してもらえるような恋愛や結婚ができたりといった素晴らしい幸運が待っているはずです。

恋愛運
明るい恋の始まり。結婚は周囲が祝福してくれるでしょう。

仕事運
成果が出やすい時期です。仕事が成功し、名誉と栄光を掴みます。

幸運を運ぶもの
日の出を眺めると吉。照明器具など光を放つものも◎。

32 月

対応トランプは ♥ 8

多くの人を惹きつけるカリスマ的存在に

神秘的な輝きを放つ月は、幸運をもたらす象徴です。名声運がアップし、あなたの実力が世間に知れ渡る機会が訪れるかもしれません。周囲は尊敬の眼差しで見つめ、自然とあなたのファンになっていくでしょう。

感受性が鋭くなり、音楽や絵画などの芸術や創作活動などで、隠れていた才能が開花する暗示も。

恋愛運
恋に溺れる暗示です。ロマンチックで大人な恋の虜になりそう。

仕事運
人気者になれる時期です。周囲から頼りにされる好調な仕事運。

幸運を運ぶもの
間接照明やロマンチックな音楽が流れる場所がおすすめ。

33 鍵

対応トランプは ♦ 8

大きな幸せの入り口。次のステージへの鍵。

扉の向こうに待つものは、問いに対する答えです。鍵は、今抱えている問題などがまもなく解決することを暗示しています。特に現状がなかなか進まない状態なら、まもなく事態が動き始め、なんらかの展開が待っているでしょう。

素敵な未来へと続く道を信じ、流れに身を任せましょう。幸せはすぐそこに。

恋愛運
相手の心を開く出来事がありそう。真剣交際が始まるかも。

仕事運
マンネリした空気が続きますが、思いがけない出来事が到来。

幸運を運ぶもの
鍵モチーフのグッズや、セキュリティー意識を高くもつこと。

34 魚

対応トランプは ♦K

経済的な成功で一時的に豊かに

大海で繁栄し続ける魚は、豊かさの象徴です。財産を表す吉兆でもあるので、実際に経済的に大きな成功を収める可能性があります。あるいは懐が寂しくても、今の時期なら乗り越えることができます。

一方、金銭そのものに頼るのでなく、あなた自身のアイデアやスキルなどを鍛えてお金に換えていきましょう。

恋愛運
スピーディーな恋の予感です。子宝に恵まれる吉兆もあります。

仕事運
利益の大きい仕事を任されそう。経済状況が好転していきます。

幸運を運ぶもの
株や宝くじにチャレンジ。水族館で癒されるのもおすすめ。

35 錨《いかり》

対応トランプは ♠9

精神的に落ち着いた日々がやってくる

どっしりとした錨は、安定感の象徴。目が回るような忙しさだったり、なかなか物事が継続しなかったり、不安定な気持ちが続いたりしていたら、今後は落ち着いた日々を送れるでしょう。

一方、過去のトラウマなどで気持ちが塞ぎ込み、ずっと停滞している場合は錨を上げる必要があるというメッセージです。

恋愛運
堅実な恋愛をしそうです。嫉妬や束縛には注意してください。

仕事運
安定した業績を保てます。職場では不動の位置を獲得するかも。

幸運を運ぶもの
港や桟橋などから、美しい海をじっと眺めてみましょう。

36 十字架

対応トランプは ♣6

試練を乗り越え、大きく成長するとき

イエスが背負った十字架は犠牲のシンボル。この先、あなたに大きな重圧がかかることが暗示されています。予期せぬトラブル、失恋、かなわぬ希望、挫折……さまざまな困難が待ち受けているかもしれませんが、全てあなたに課せられた試練。

忍耐強く逆境に立ち向かうことで、大きく成長できるでしょう。

恋愛運
自己犠牲的な恋をしそうです。恋人や腐れ縁との決別の暗示も。

仕事運
理不尽な環境や人間関係で、事業に失敗しそう。計画の頓挫も。

幸運を運ぶもの
教会や神社仏閣でお祈りしましょう。恩人に頼るのも◎。

渦を巻いている指紋と
流れている指紋のタイプは、
それぞれ性格傾向が異なります。
あなたはどちらの指紋が多いタイプでしょう?

6 指紋占い

6 指紋占い
~古代インド・中国で性格や運命を探った伝承の占い

一生変わらないあなただけのシンボル

手のひらを広げて、自分の指先をよく見つめてみましょう。あなたの指紋はうずを巻いていますか？　それとも流れていますか？

右手と左手の指をよく見ると、すべての指紋の形がそれぞれ違っていることに気がつくでしょう。親指は愛情の深さや優しさを、人差し指は他人との相性を、中指は生まれもった才能や趣味・し好を、薬指は創造力や思考力・仕事運や成功運を、小指は健康状態をそれぞれ暗示するとされ、それぞれの指の指紋にその人の性質や運勢がくっきりと現れています。

さらに驚くべきことに、あなたと同じ指紋の人はこの世に二人といません。あなたの指紋は唯一無二、あなたのものなのです。

「指紋占い」の起源は、はっきりしませんが、これは易の影響下に近代に入ってから生まれたのではないかと思われます。西洋の手相術もインドに遡るという説もありますが、実際には中世にはアラブで登場し、ルネサンス時代に現在のような手の丘や線の意味の原型が固まってきたようです。

指紋は、大きく分けると二通りに分かれます。世界のエネルギーは「陰」と「陽」という二つの緊張とバランスから成るとされる古代中国の「陰陽説」の考え方から、うずを巻いている指紋を「陽」の紋、流れている指紋を「陰」の紋としていました。

指紋の形はたった二通りですが、それぞれの指の指紋は異なるので、右手の五本指の組み合わせだけでも三十二通りにもなります。

はっきりした理由はわかりませんが、東洋人はうずを巻いている指紋が多く、西洋人は流れている指紋が多い傾向があり、さらに同じ日本でも、北方と南方ではうずと流れの割合が違う傾向があるようです。うずを巻いている指紋のタイプと、流れている指紋のタイプでは、それぞれ次のような性格傾向に分かれます。

うずを巻いた指紋のタイプ

自分の感情に素直なタイプ。基本的にのんびりしていますが、思い込みが激しいところがあり、一度決めたことは絶対に曲げようとしない頑固なところがあるでしょう。上下関係に厳しく、男女の区別をきちんとしたがる傾向があります。

一方、己の力を過信しすぎるとプライドの高さが裏目に出て、自慢ばかりしたり、自分より弱い人を見下したりしがちです。

流れている指紋のタイプ

現実主義で理性的なタイプ。うやむやなことが嫌いで、すぐに結論が出ないと気がすまないせっかちなところがあります。目に見えないことは、とりあえず信じません。結果や現実的なことを重んじ、何事も自分で納得してから動きたいタイプでしょう。思い込みや偏見がないので、目上や目下といった立場や男女の区別なく、誰とでも対等に接することができます。

占い方

① 右手の親指の指紋をチェックしてみましょう。「うず」タイプは〈表1〉、「流れ」タイプは〈表2〉の組み合わせを見ていきます。

② 次に、人差し指の指紋を確認します。「うず」タイプなら◎、「流れ」タイプなら≋に進みます。同様に、中指、薬指、小指もチェックして、該当するマークに進みましょう。

③ 小指までチェックしてたどりついた数字が、あなたの指紋のパターンです。次ページからの診断結果を見て、性格や運勢をチェックしましょう。

〈表1〉 親指の指紋が「うず」の人

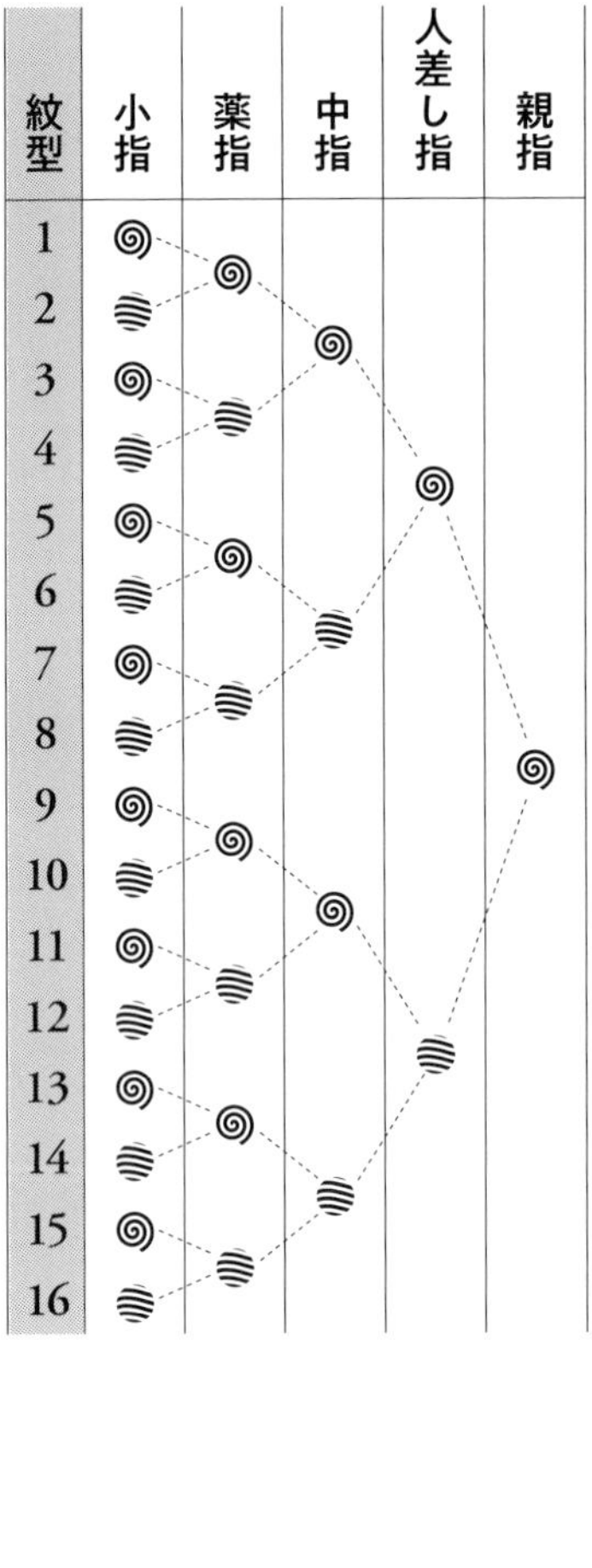

〈表2〉 親指の指紋が「流れ」の人

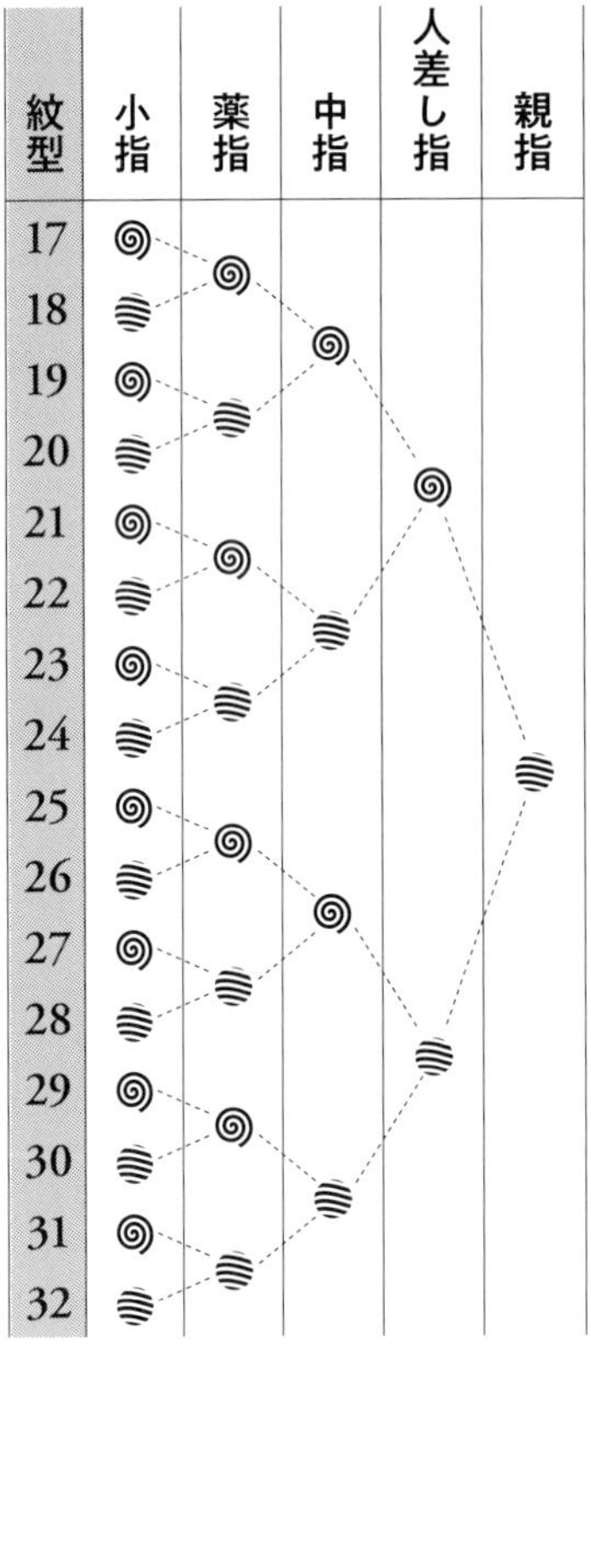

紋型が1

優しく、美しい心の持ち主

五本の指紋がすべてうずの人はとても徳が高い人とされます。徳の高い人は心が綺麗で、神様を信じる才能に恵まれています。あなたは、子供や動物、自然を愛する美しい心をもっているので、虫一匹手にかけることにも罪悪感を覚えてしまうでしょう。

優しすぎるあまり八方美人と言われ、周りに気を遣いすぎるところがあるかもしれません。しかし、何事に対しても責任感をもってきちんとやり遂げるあなたを、周りの人はとても評価しています。

紋型が3

本音を言える正義の味方

言動に裏表がなく、誰とでも本音でつき合うことができる人です。根が優しくて正義感が強いので、嘘をつく人間に対しては厳しく接するでしょう。分け隔てなく人づき合いができ、目上の上司や先輩に対しても、緊張することなく自然につき合えます。好きな人に対しても、嫌なことは嫌だとはっきり言うことができるでしょう。

常にまっすぐで正直であることが幸運を導くので、嘘をついたり、陰で悪口を言ったりすることは不運を招くでしょう。

紋型が2

理想と現実のギャップに悩む

あなたの心は常に揺れ動いています。たとえば、電車で座っていてお年寄りが近くにいた場合に、席を譲りたいという気持ちと座っていたいという気持ちがせめぎ合うような葛藤を抱えているのです。やるべき仕事があるのに怠けてしまったり、翌日の朝に約束があるのにテレビを見て夜更かしして寝坊したりと、理想の姿になれない現実の自分が嫌になることもあるでしょう。

少しずつでいいので、なりたい自分に近づく努力をすることが、あなたを成長させます。

紋型が4

明るい笑顔が幸運を呼び込む

幸せは、明るくて笑顔でいる人に訪れます。上司に褒められる同僚に嫉妬したり、先輩に自分ばかりが怒られると落ち込んだりしていませんか。マイナス面ばかりに注目してネガティブな気持ちに囚われていると、心だけでなく表情や声色にも影響します。まずはうわべだけでもかまわないので、笑顔を心がけましょう。

姿勢よく、はきはきと喋るだけでも印象は変わります。鏡の前で微笑む練習をしてみるのも手です。毎日続けることで運勢も変わるでしょう。

紋型が 5

真面目で頭がきれる人

恩を受けたら必ず返す、困っている人は放っておけない……あなたはそんな真面目で誠実な人です。知性があり、研究者や芸術家に向いているタイプでもあります。必死で勉強をしなくても試験に合格することもありそうです。

そのうえ、優しく真摯に人と接しているので、周りからやっかみを受けることもなさそうです。これからも清く正しい人づき合い、他者を敬う心を忘れなければ、幸運をつかむことができるでしょう。

紋型が 6

粘り強く幸運を手に入れる人

時間をかけて、実体験から学びを得るタイプです。本を読んだり、映画を見たりしても、その場で感動するのではなく、実際に自分で同じような経験をして初めて「そういうことだったのか」と実感することが多そうです。

周囲に頭の回転が速い人がいると焦りがちですが、自分のペースは変えなくて大丈夫。お盆やお彼岸などの日本古来の先祖を敬う習慣を家族と一緒に行うと、いいことがありそうです。

紋型が 7

誰かのためが自分のためになる

意志が強く、大きな夢をかなえるための努力を着実に重ねていくことができる人です。しかし、その頑張りが策を弄することばかりに向くと、己の策に溺れてかえって道が閉ざされてしまうことも。自分一人ではなく、誰かと力を合わせていくほうがうまくいくでしょう。

その人にとってよい結果を生むことを目標にすれば、あなたの目的の実現にもつながり、一人では不可能な大きな夢をかなえることができます。

紋型が 8

とことん自分の信念を貫く人

自分が正しいと思ったことなら、たとえ周囲に反対されてもやり抜くことができるタイプです。世間的なブームに流されている人にはついていけないと感じているかもしれません。そんなあなたを真面目すぎてつまらないという人もいるでしょうが、気にする必要はありません。

あなたの幸せはあなたにしかわからないもの。人は人、と割り切って、自分の信じる道を行きましょう。あなたが成し遂げたことを見て、いずれ周りもあなたに敬意を向けるでしょう。

紋型が 9

情熱に満ちた前向きな人

いつも堂々としていて、太陽のように明るく元気なタイプで、周りからも一目置かれるタイプです。ただし、そんなあなたを「偉そう」と思っている人もいるかも。自分より臆病で弱い人に対して、ビクビクした態度がみっともない、とどこかで思っていないでしょうか。そのような傲慢な態度を改め、他人にもその人なりの考えがあるのだと理解できれば、あなたの魅力はさらに増します。

多様な価値観の人と触れ合い、読書し、自分の考えを深めていきましょう。

紋型が 11

派手好きで美意識の高い人

上流階級への憧れが強く、華やかな世界を好みます。身の回りのアイテムも人より高級感のあるものにしたいと思う見栄っ張りの一面も。頭がよく、文章も上手なので、コラムニストやコピーライターなどに向いていそうです。

ただし、褒められると舞い上がるタイプなので、天狗になってしまっては幸運が遠ざかります。あなたの見た目や才能を評価してくれる人がいたら、感謝の気持ちを忘れずに。そうすれば、あなたが望む勝算が得られるでしょう。

紋型が 10

大きな心をもつリーダータイプ

堂々とした態度で思いやりがあり、面倒見のいいタイプ。自然とみんなのまとめ役になることが多そうです。ただし、心が広すぎてどんな人も受け入れてしまいがち。過ちを犯した仲間がいれば、許さずに叱責することも大切です。

友人の悪い面をそのままにしておけば、あなた自身の心も曇らせます。その度量の深さを悪用されないようにしましょう。よい仲間に恵まれれば、あなたの人生は豊かなものになるでしょう。

紋型が 12

目標がないと迷走してしまう人

友達に誘われれば興味のない映画やコンサートにでも気軽に参加する一方で、何もかもつまらないと思ってしまう面も。一人で何時間でもぼーっとしていられるので、目的がないとあっという間に時間が過ぎてしまいます。

あなたのような人は、早めに目標を立てましょう。実現可能かどうかは考えず、なりたい自分を想像してみて。自然とそれにともなう行動がとれるようになるでしょう。道が定まらない、といつまでも迷いの森から抜け出せないかもしれません。

紋型が 13

損得抜きの行動が幸せを導く

目先の損得にとらわれず、正しいと思ったことを貫けば幸せが訪れます。困っている老人を助けたら待ち合わせに遅れてしまったり、友人にお金を貸して自分の欲しいものが買えなくなったりと、お人好しすぎるタイプのようです。

たとえ、自分が損するようなことがあっても、長い目で見ればあなたの優しさは誇るべき美徳です。あなたのような人が、周囲をも優しい人に変えて行きます。

紋型が 14

尊敬できる人との出会いが決め手

純粋無垢で心が綺麗な人。少しぼーっとしているところがあるので、正しい道を教えてくれる師匠のような存在が助けとなるでしょう。「この人のようになりたい」という自分の理想の人との出会いが、あなたの人生を充実させるでしょう。

目指す人がいることが成長を促し、魅力的な人間になっていけるはず。何かを始めるときは、自分を正しい方向へ導いてくれる人を選ぶとよいでしょう。

紋型が 15

楽しいことが何より大事な人

楽しい場が大好きで、仲間と集まっておしゃべりしたり、友人との電話がついつい長くなったりするタイプ。明日は誰と遊ぼう、ショッピングで何を買おうといった目の前のことに夢中なので、この先の未来や自分の人生をどうしたいかについては興味が薄いようです。

現実的な関心事を、他人の幸せと関連づけて行動するとよいでしょう。自分の楽しさばかりを追求し、周囲の人を軽く扱うと、結果的にあなたの人生がつまらないものになってしまいます。

紋型が 16

ポジティブさが幸せの鍵に

何かを始めたり、困難にチャレンジしたりしようとすると、アクシデントに見舞われる不運なタイプ。試験の日に風邪をひく、といった積極的に頑張ろうとしているタイミングでトラブルにあいがちです。しかし、そこでネガティブになる必要はありません。アンラッキーなことが起きても気にせず、きちんと努力していれば、あなたの人生に光明が射す日は突然訪れるでしょう。

一度、光に照らされたあなたの行く末は輝かしく、目を見張る活躍が期待できます。

紋型が17

鋭さが武器にも弱点にもなる

自分の意見をしっかりもち、頭のいい人です。自信があるので、自己顕示欲が強すぎる場合もあるでしょう。意見が異なる人とは、つい喧嘩腰で話してしまうことも……。切れ味鋭いあなたの言葉は、時に相手を傷つけてしまう恐れがあり、そのせいであなたを孤立させてしまいそうです。

あなたの武器は、よく切れるナイフのようなもの。使い方を誤れば自分も周囲も傷つけてしまいます。その武器を正しいことに使えば、幸運を手にすることができるでしょう。

紋型が19

困難の先に未来がある

変化を好むタイプで、自分を変えたいと常に心の中で葛藤しているのです。理想の自分になるために、苦しくても努力することができます。そのせいでつらい思いをしたり、頑張ることが嫌になったりするかもしれません。

しかし、変化を求める気持ちは止まらないでしょう。すぐに転職したり、いろんな習い事に手を出したりと、あなたの努力は周囲には認められにくいこともあるかもしれませんが、そのようなめまぐるしい変化をプラスに変えられる人なのです。

紋型が18

自分に厳しくすれば成功できる

場の雰囲気に流されがちなところがあるので、つき合う人や関わる仕事の選び方が大切です。あなたを甘やかす環境に身を置くと、ずるずると堕落してしまう危険があります。少し自分勝手な面があるので、苦しい状況や難題からは逃げ出したいと思うこともあるでしょう。ここで失敗しても他があるという考えでは、いずれ孤立してしまうかもしれません。

ここぞというときは自分に厳しく、問題から逃げずに取り組めば、いい結果を出すことができます。

紋型が20

バランス感覚のいい平和主義者

事を荒立てることを好まない、おとなしいタイプ。自己主張が強くないので、存在感が薄くなりがちですが、あなたのような人がグループにいることで意見がすんなりとまとまったり、対立しがちな人同士が仲良くできたりするのです。

派手な個性がないと落ち込む必要はありません。周りはあなたの存在に救われているのです。目立とうとすることばかりが個性ではないのです。落ち着いた雰囲気で、安定感のあるあなただけの魅力を伸ばしていきましょう。

紋型が21

本当の満足を知っている人

お金がたくさんあれば幸せ、欲しいものが手に入る人生がいい……そのような満足とは異なる価値観に生きている人です。目先の欲望が先走ると、次から次へと新しいものが欲しくなるだけでいつまでも満たされません。

あなたは自分が持っているものの価値を知り、人生に満足できるタイプ。だからいつも幸せで笑顔が絶えません。一見、欲が薄く枯れているように思われがちですが、老成した独特の雰囲気が不思議な魅力となって人を惹きつけます。

紋型が22

危険を好む波乱万丈な人生

周りからは危ないと忠告されるようなところへ行きたいと思ってしまうタイプです。もし二つの選択肢がある場合は、よりスリリングで刺激のある道を選んでしまいがちです。一度、夢中になってしまうと、とことん極めようとしてしまうので、安全な道に戻ろうなんて考えはありません。

他人は無謀だとあなたを非難し、挑戦を止めることがあるでしょう。幸せの定義は人によって異なるもの。あなたにとっては、その道こそが正解なのかもしれません。

紋型が23

不安と自信が表裏一体

自分は何でもできるという自信と、自分なんかは何もできないという不安を常に抱えているタイプです。自分の力を見せつけたい気持ちを、もう一人の自分が止めるといった感じで、両極端の感情があなたの中でせめぎ合っているのではないでしょうか。表面的には悩んでいないように見えるので周りには気づかれにくいかもしれません。

あなたに必要なのは忍耐力。苦しい葛藤に耐えることができれば、時間はかかっても必ず報われる日がくるでしょう。

紋型が24

内に眠るパワーが強力な人

リーダーシップがあり、エネルギッシュに物事を進める人です。小さい頃から交友関係も広く大人びた考えをもっており、みんなのまとめ役となって教師のいうことに反発していませんでしたか?

若くして成功を収める人も多そうです。ただし、自分を過信するあまり周囲への優しさに欠けると、あなたの魅力は半減します。あなたは心の中にマグマのような強いパワーをもつ人。扱いは難しいですが、その力を上手にコントロールできれば尊敬される人物になれるでしょう。

紋型が25

豊かな才能で大役を担う

とても才能があり、大志を抱いている人。大きな夢を実現させるという強い意思をもっています。ただし、才能を活かす知識や教養が足りないと、口だけの人間と思われてしまうことも。あなたの自信に満ちた言動は、多くの人を惹きつける力がありますが、人を集めたものの結果を出せないと信用を失うでしょう。リーダーとしての素質は十分なので、自分ができることとできないことをきちんと把握して行動できれば、その役割をしっかり果たすことができるでしょう。

紋型が26

伝統を重んじ、優しさをもつ人

古来より伝わってきたものの価値を知り、次代へと引き継いでいこうとする人です。未知の世界を開拓したり、新しく斬新なことをしたりするタイプではありませんが、真面目でコツコツと根気強く物事を進めていくことができます。他の人が途中で諦めてしまうようなことも、あなただけは最後までやり遂げるでしょう。

一見、地味な印象を与えるかもしれませんが、派手で華やかな人にはない魅力があるので、自分を信じて努力を積み重ねていきましょう。

紋型が27

感情の動きが激しい人

周りからは華やかで堂々とした人だと思われがちですが、その内面は迷うことも多く、気分のムラが激しいタイプです。心が広く優しいときもあれば、気難しく扱いにくいときもあり、周りからの評価も両極端。調子がいいときは大いに賞賛されますが、悪いときは非難を浴びることも……。

自分は感情の変化が激しいタイプであると自覚し、調子が悪いと感じたときは無理をしないこと。自分の気持ちに敏感になることで、無用なトラブルを避けることができるでしょう。

紋型が28

環境次第で輝きを放つ人

才能も実力もあり、それに見合うだけの自信にも満ちた人。途方もない大きな夢を抱くこともありそうです。ただし、人には向き不向きがあるもの。あなたの能力が存分に発揮できる場合は問題ありませんが、苦手な分野や状況に置かれると夢は遠ざかる一方です。

適材適所という言葉の通り、最適なステージに立つことができれば、喝采を浴びることができます。そのとき、主役か脇役かは関係ありません。あなたに合った役を手に入れることが大事なのです。

紋型が 29

向上心のあるプレゼン上手

説明や説得が上手で、相手が納得するよう言葉を上手に操れる人。仕事でも企画説明のプレゼンテーションを任されることが多いのではないでしょうか。また自分を高める努力も惜しまないので、手に入れたものから学ぼうとする姿勢を忘れません。その結果、あなたが提案した企画をさらに上回る成果をあげられるでしょう。

　そうやって成功体験を重ねていくことが、あなたへの信頼をさらに高め、あなたはますます力をつけていく、そんないい循環が生まれそうです。

紋型が 30

頼り甲斐があり信念を貫く人

年齢、性別に関わらず、そつなく人間関係を築くことができる人。大人っぽくて落ち着いているので、周りのみんなから頼りにされるタイプです。しかし、穏やかな印象とは裏腹に、頑固で融通がきかない一面も。自分の考えを絶対に譲らず他の人の意見にあまり耳を貸さないため、集団の中で孤立してしまう危険があります。

　意地を張らず、みんながいてこその自分だということを忘れないようにしましょう。周囲の人を大切にすれば、あなたのすることはうまくいきます。

紋型が 31

成長がゆっくりの大器晩成型

あなたの中には、大きな可能性が眠っています。自分は才能なんてない普通の人間だと落ち込む必要はありません。植えた種の芽がなかなか出ないと焦るかもしれませんが、土の中で着実に根を張っているのです。待ちきれずに行動してしまうのは時期尚早。成長中の種を掘り起こしてしまうようなものです。早く花を咲かせる周囲を気にせず、自分のペースでいきましょう。

　着実に種に栄養を与え続ければ、最終的には誰よりも美しい花を咲かせることができるはずです。

紋型が 32

生真面目で不器用な人

流言飛語に乗ることなく、堅実に歩みを進める人です。本を読んで調べ、人に教えを乞い、自分で納得してからでないと、何かを始めることはできないでしょう。また、陰で誰かの悪口を言いながら、その人の前では笑顔でおべっかを使うといったことはできず、要領がいいタイプではありません。根が真面目なので何事にも勤勉。一つの道を極めて何らかの専門家になる人が多そうです。

　自分の進む道を早々に見つけてしまえば、人生で困ることはなさそうです。

本を開くと、知りたい答えが飛び込んでくる！

ビブリオマンシー

ビブリオマンシーとは、「書物占い」という意味。頭の中に質問を思い浮かべて、本をパッと開くと、知りたかった答えが見つかるという占いです。ビブリオマンシーで使う本は、特別な本を用いるわけではありません。伝統的には、ヨーロッパでは古くから聖書を使うことが多かったと言われていますが、あなたのお気に入りの詩集でも小説でも、箴言集でも国語辞典でも何を使ってもかまいません。

【用意するもの】

本（文字が書いてある本ならなんでも OK）

【ビブリオマンシーのやり方】

① 本選びからこの占いは始まっています。直感で選んでみましょう。

② 占う質問を１つ思い浮かべます。「今進めている仕事は成功するか」「好きな人とのデートは成功するか」などのように、最初のうちはなるべく具体的な質問がいいでしょう。

③ 集中して、パッと本を開きます。最初に目に飛び込んできた文章が、あなたの問いに対する答えです。偶然、手から落ちたり、風にあおられて開いてしまったりしたページも神託と考え、メッセージを読み解いてみましょう。

Column 2

翻訳書のひとり占い本

占いがブームになる一九七〇年代になると、さまざまな占い本が出始めます。そう、西洋の「雑占い」を紹介する翻訳書も目立つようになります。

とくに多くの日本の占い師さんたちが参考にしたと思われる本にギブソン夫妻著／金井博典訳の『現代占い事典』白揚社（一九七二年）、そしてカールトン・ケース編著／佐藤亮一訳『ジプシー占い』ジャパン・パブリッシャーズ、昭和五十一年（一九七六）があります。

日本での刊行は『ジプシー占い』のほうが少し後ですが、原書ではこちらが先。一九三〇年の本の翻訳です。「ロマの女王」ジプシーの魔女が著したという触れ込みのこの本の中には、人相、手相、黒子占い、ダイス占い、数秘術やコーヒー占い、夢占いやさまざまなジンクスなどが集められています。

ギブソン夫妻の本はもう少し本格的です。占星術、手相術、数秘術、人相術、トランプ占いや筆跡判断などがとても詳しく、体系的に解説されています。

『ジプシー占い』カールトン・ケース編著　1976 年

そして注目したいのは、この中に「骨相術」が含まれていること。十九世紀まではこの骨相術は一種の科学として興隆を極めていました。これは頭蓋骨のかたちで判断するというもの。脳のかたちが頭蓋骨のかたちに対応すると考えられていたわけです。しかし、これは人種差別や優生思想と結びついたこともあり、今ではすっかり廃れてしまいました。その骨相術を二十世紀後半にも伝えているということで、興味深いものとなっています。

もう一つ、少し変わったものをあげるとすると、チャールズ・リーランド著／木内 信敬訳『ジプシーの魔術と占い』アウロラ叢書（一九八六）でしょう。リーランドは十九世紀に活躍した在野の民俗学者です。このリーランドが収集したというジプシーの魔術や占いの方法の記録。厳密な学問書としては扱えませんが、この本が当時の人々に「ジプシーの占いはこのようなものだ」という印象を決定づけることになったので、その歴史的資料としての価値があります。

『現代占い事典』ギブソン夫妻著　1972 年

7 トランプ占い

身近にあるトランプ。
恋のゆくえ、迷い事、仕事の悩み、何でも占えます。
シンプルでわかりやすい一方、
神秘的な魅力の古くて新しい占い！

7 トランプ占い

～タロットとは兄弟関係。もともとはゲーム用だった！

トランプのルーツはタロットカード！

私たちにとってタロットよりも身近なカードといえば、世界中どこにでもあるトランプカードです。このトランプカードを使って、深くて神秘的な「トランプ占い」ができることをご存知でしょうか？

実は、トランプカードはタロットと兄弟関係なのです。

先にタロットの起源をお話しますと、最新の研究によれば、十五世紀中頃にさかのぼります。アラブではトランプと同じような四つのスート（組）からなるカードが誕生し、十四世紀にはこのゲーム用のカードがギャンブル用として普及していきました。それが今のトランプのルーツ。のちに、ゲームをいっそう複雑にするために絵札が加わり、十五世紀中頃には現在のタロットになったと考えられています。実は十八世紀頃、「タロットは古代エジプトで生まれた」という説が大流行し、そのためにタロットにピラミッドやスフィンクスが登場したり、タロットの神秘化が進んだりしましたが、現在の研究ではエジプト説に根拠はなく、実際には十五世紀イタリアで誕生したことがわかっています。

トランプにしてもタロットにしても、カードが占いに用いられるようになるのは、実は十八世紀後半以降になってからです。それまではほとんどゲーム用として用いられていました。現在のようなスタイルの占いが完成していくのは十九世紀末から二十世紀初頭になってから、とごく最近なのです。ただ、最新の説では、初期のカードゲームの中に一部、ルネサンスの神秘思想などが入り込んでいるのでは、という意見も再び出てきました。今後の研究に注目です。

世界によって異なるトランプ

タロットは一般的に、「大アルカナ」と呼ばれる二十二枚の絵札と「小アルカナ」と呼ばれる五十六枚の数札を合わせた七十八枚で構成されていますが、この数札にあたるカードが現在のトランプに変容していきました。なお、この数札はタロット以前から存在していました。

数札は四つのスート（組）に分かれていますが、それぞれのシンボルマークが、のちにトランプでいう♣、♥、♠、◆に変化していったと考えられています。一つのスートはAから10までの数札と、小姓・騎士・女王・王という四つの人物札（コートカード）の、計十四枚で構成されています。人物札はのちに三枚になり、現在のトランプの構成になりました。

現在の「ジョーカー」がタロットの「愚者」（The Fool）として生き残ったという説もあるよ

うですが、これは誤りです。トランプとして誕生したときにつけ加えられたのです。もっとも「愚者」「道化」のイメージは普遍的なので、心理学的にはそこに共通の意味を見てもいいかもしれませんが。

このように長い歴史をもつトランプですが、今でも国や地方によっては異なるマークが使われていることがあります。たとえば、♠の代わりにイタリアやスペインは剣、ドイツは木葉、スイスは盾の絵がカードに使われている場合もあるでしょう。枚数も五十二枚ではなく、三十二枚や三十六枚パックといった変則的なトランプが今でも売られています。

すでに述べましたが、トランプのようなカードが占いとして広く用いられるようになったのは、十八世紀後半以降のことです。ただ、トランプやそのルーツである数札の中に神秘的な意味を見出そうとする人がいるのも事実。スペイン語ではカードを「ナイペス」「ナイビ」といいますが、これは聖書の預言者を表すナビーと関連があるとこじつける人もいるようです。

また金貨、棒、杯、剣のスートがそれぞれ太陽、月、金星、火星を象徴するのではないかという説も最近、出されました（ロン・デッカー氏）。

アメリカ イギリス フランス	♠	♣	♥	♦
イタリア スペイン	剣	棒	杯	金貨
ドイツ	木葉	どんぐり	心臓	鈴
スイス	盾	どんぐり	バラ	鈴

しかし、トランプやタロットの歴史はずっと順調だったわけではありません。キリスト教の教会

は、トランプやタロットを「悪魔の絵本」と呼び、人々の心を惑わせるものとして、何度もカードゲームを禁止するおふれを出していました。ギャンブルにのめり込みすぎる人々や、占いで傲慢に運命を支配しようともくろむ人々への対策のためともされていますが、いずれにせよ、どれほど禁止されてもトランプの魅力に惹かれた人々は跡を絶ちませんでした。

日本にトランプが入ってきたのは、十六世紀ごろ。ポルトガル人によって持ち込まれました。なお、「カルタ」というのは、ポルトガル語由来の言葉で、すぐに日本でも欧州製のカードをまねた「うんすんカルタ」などが制作されるようになります。

人物札（コートカード）と世界史の関係

ところで、トランプのJ（ジャック）・Q（クイーン）・K（キング）の人物札は、誰かモデルがいるのでしょうか？

たとえば、♥のQ。ルイス・キャロルの『不思議の国のアリス』には「首を切っておしまい！」と叫んでばかりの「ハートの女王」が登場しますが、この人物にモデルはいるのでしょうか？

実は古いトランプカードを紐解くと、Qのカードの中に「ジュディス」という名前が書き込まれています。ジュディスという人物は、敵軍の大将の首を斬ったユダヤ人の伝説の女英雄。現在のトランプでは、クイーンは柔和な女性が描かれていますが、古い時代には、ジュディスや『不思議の国のアリス』のハートの女王のような、苛烈なイメージがQにはあったようです。

このように人物札と歴史上の人物イメージを組み合わせるという試みは、十五世紀頃、フランスで行われた風習のようです。それぞれのカードに当てはめられた有名な歴史上の人物たちは、以下の通り。人物札の実際のモデルというわけではありませんが、歴史上の人物と、トランプの人物札のイメージが重なると、途端にカードが生き生きとしたものに感じられるのではないでしょうか。

さて、トランプ占いにはさまざまな占法がありますが、ここではシンプルながら本格的な「シンボル占い」と「神秘の七星占い」を伝授します。さらに、より具体的なテーマについて占う「キューピッドの矢占い」「ハートのクイーンの恋占い」「十二の星の時計占い」も用意しました。

どれも驚くほどよく的中するうえ、迷い事や悩み事、恋や仕事、人間関係にいたるまで、さまざまなことをしっかり占えるでしょう。本書でトランプ占いの魅力をたっぷり味わってください！

♥のK	カール大帝（西ローマ帝国皇帝）
♥のQ	ジュディス（ユダヤの女英雄）
♥のJ	ラ・イール（フランスの兵士）
♠のK	ダビデ（ユダヤの王）
♠のQ	ミネルヴァ（知恵の女神）
♠のJ	オジエ（カール大帝の十二勇士の一人）
♦のK	ジュリアス・シーザー（ローマ帝国の英雄ユリウス・カエサル）
♦のQ	ラケル（聖書の人物で、ヤコブの妻）
♦のJ	ローラン（中世の勇士で、円卓の騎士の一人）
♣のK	アレキサンダー大王（マケドニア王国の英雄）
♣のQ	アルジンヌ（ラテン語で女王「レギナ」という言葉の文字の並べ替え）
♣のJ	ランスロット（騎士の中の騎士とされた美貌のナイト）

トランプ占いを始める前に

できれば占い専用のトランプカードを用意しましょう

真剣に占うなら、使い込んでヨレヨレになったトランプよりも、占い専用のトランプを1組、用意しましょう。紙製で、デザインはシンプルなものがおすすめです。

占いが当たりやすい日があります

昔から占いがよく当たる、といわれている日があります。新月や満月の夜、春分の日、秋分の日、6月23日の聖ヨハネ祭りの日、ハロウィン、クリスマスなどです。ぜひ占ってみてください。

占う時は真剣に行いましょう

いい加減な気持ちや心が乱れているときに占っても、トランプは正しい答えを出してくれません。占う前には手を洗い、テーブルに何もない状態で行うと精神を統一できるでしょう。

有効期間内に同じことを占わない

それぞれのトランプ占いに記載された有効期間を守りましょう。その期間前に繰り返し占っても、かえって迷ってしまうだけになります。

悪い結果でも気にしないようにしましょう

トランプ占いは本来、あなたに希望を与えるものです。たとえ好ましくない結果でも、現状から何も対処しない場合の未来を暗示しているだけで、必ず起こるというわけではありません。努力次第で未来は変えていけることを覚えておきましょう。

トランプ占いの基本動作「シャッフル」と「カット」を覚えましょう

シャッフルの方法は、右手で山を崩し、両手を使ってよく混ぜます。占いたいことに意識を集中しながら行い、もう十分と思ったらカードを1つの山にして机の上に置きましょう。カットは両手を使って行い、「誕生数」の数だけ切りましょう。(※誕生数は、生年月日を一桁にしたもの。1991年3月4日生まれなら、1＋9＋9＋1＋3＋4=28、さらに28を分解し2＋8=10。1＋0＝1。「1」が誕生数です)

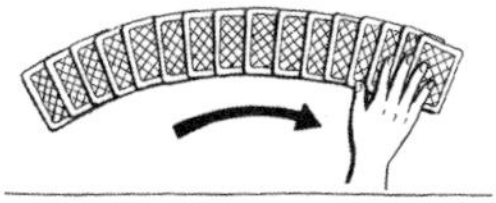

右手で図のようにカードを崩します。

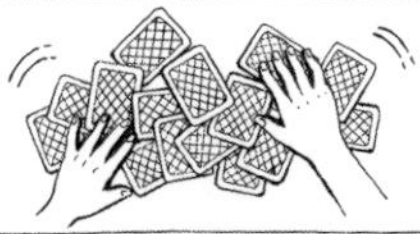

両手を使ってシャッフルします。

カードを一つの山にします。

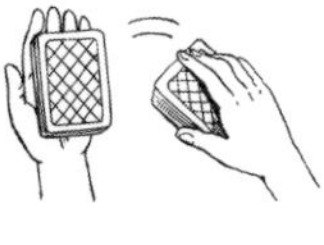

誕生数の数だけカットします。

シンボル占い

♥のAなら「指輪」、◆のKなら「商人」のように、トランプには一枚ごとにカードの意味を表すシンボルがつけられています。占うタイミングや心境によって、一つのシンボルから得られるインスピレーションはさまざま。

たとえば、「最近、彼とうまくいかない」という悩みに対して出たカードが、「敵」というシンボルをもつ♠のKの場合、実際に恋のライバルを暗示するかもしれませんし、あなたと彼の間にライバル意識があるのかもしれません。吉か凶かと断定するのではなく、自分の直感を大切にして、イメージを自由にふくらませていきましょう。トランプ占いは、心のトレーニングのようなもの。続けていけばあなたの推理力や直感力が高まり、日常のトラブルを解消する力を養っていけるはずです。

占い方

① 占いたいことを心に念じながら、ジョーカーを除く52枚のカードをよくシャッフル&カットし、一つの山にまとめます。

② これだ、と思ったカードを1枚だけ引きましょう。そのカードのキーワードがあなたの質問に対する答えです。

ハートの物語

愛情や細やかな心の動きを暗示するハートは、心臓の形を表します。中世の社会階層では、ハートは「心」の領域を扱う「聖職者」を示していたそうです。現在では幸運や平和の象徴でもあります。

A 指輪・太陽

愛が通じ合うことを表すラッキーカードです。片思いしている人は両思いとなり、相思相愛に。

J 年下の男性

甘えるのが上手な可愛げのある男の子を示します。経験不足や優柔不断を意味する場合も。

8 天秤

非常にバランスのよい状態を示します。よい人間関係が築ける意味も。落ち着いた態度がカギに。

5 新しいコート

新しい状況に置かれることを表します。背伸びした行動を取りがちですが、素直であることが大切。

2 よき友

心を許した友人があなたを助けてくれるでしょう。トラブル解消のアドバイスをくれる人が出現。

K ハンサムな青年

白馬の王子様のような理想の相手を示しています。素敵な人に心をときめかせることになりそう。

10 教会

心の平安が訪れる暗示です。抱えているトラブルが解決し、安心できる状態になるでしょう。

7 開いている扉

目の前にチャンスが迫っている暗示です。この機会を逃してしまわないよう、迅速な対応を。

4 家

安定やくつろいだ状況を暗示しています。しかし、そのまま満足しているといつしか停滞する恐れも。

Q 貴婦人

美しく優しい女性を暗示しています。女性が占っている場合は、自分自身の気持ち次第という意味。

9 王冠

願いの成就を表すウィッシュカードといいます。幸運が訪れ、あらゆる悪い影響を打ち消します。

6 書物

知識を得ることが幸運につながります。アンテナを張って、情報を取りこぼさないようにしましょう。

3 三角形

三人寄れば文殊の知恵というように、周囲の協力を得られる暗示。人間関係の問題も解決しそう。

ダイヤの物語

お金や物質的価値を暗示するダイヤは、コインの形を表しています。中世の社会階層では、ダイヤは「商人」を暗示しており、現在も現実的な生活の行方や、堅実さを表すとされています。

◆A 手紙
重大な情報を得ることであなたに変化が訪れます。手紙だけでなく電話やメールなどにも注目して。

◆J 役人
ユーモアがわからず堅物な人を暗示。常識にとらわれすぎず、柔軟さを持つことが必要です。

◆8 法廷
緊張感の高まりを意味します。周りの目を意識しすぎかも。恋愛では最初から親しげに接してみて。

◆5 火
決断を迫られることになりそう。何かを捨てなければならなくなっても、後ろは振り向かずに前進を。

◆2 男と女
正反対の事柄を選ばなくてはならなくなりそうです。落ち着いた冷静な判断がもとめられます。

◆K 商人
地に足のついた堅実な男性を示しています。一方で、女心に鈍感な男性の意味もあります。

◆10 旅路
何かが変わる暗示。今のままで不満はなくとも、チャレンジすることで、さらなる幸運をつかめます。

◆7 王位
自分本位になりすぎないよう注意。調子がいい時ほど周りへの感謝や配慮の気持ちを忘れずに。

◆4 東西南北
堅実さが求められる暗示。地力をしっかりつけておきましょう。その努力は必ず実ります。

◆Q 未亡人
少し意地悪で自尊心が高い女性のイメージ。他人の悪い面ばかりに注目してしまいそうです。

◆9 長い航海
今は耐える時期だと伝えています。功を焦らずどっしりと構えていれば、いずれ答えが出ます。

◆6 開けた小道
あなたが選んだ道はまちがっていません。自信を持って突き進めば、幸運が訪れるでしょう。

◆3 ランプ
金銭的に追い詰められそうです。これをよい機会と思って、自分の行いを省みるのがよいでしょう。

クラブの物語

杖や棒を表すクラブは、クローバーの形をしています。これは成長する植物を象徴し、生命力とバイタリティーのシンボル。中世では「農民」を表し、現在では友情や生命力、若々しい力、情熱などを暗示します。

A 魔法使い

魔法使いとは願いをかなえてくれる存在。あなたのやる気と努力できるかどうかが肝心です。

J スポーツマン

負けん気が強く、ガッツに満ちた強い男性を表しています。不屈の闘志、勝負への執念を暗示。

8 剣

武器は使い方次第でよくも悪くもなります。あなたの言動が、これからの未来に大きく影響します。

5 星

希望や夢に満ちたイメージです。つらい状況でも希望を失わなければ打開策はあるので安心を。

2 時計

正確であること、決まりごとを表します。きちんと計画を立て、それに沿っての行動が幸運の鍵。

K 友情

情熱があり、友情を大事にする男性を示しています。正義感の強さの象徴でもあります。

10 泉

泉が表すのは突然訪れる幸運。たとえトラブルに見舞われても、助けてくれる人が現れるでしょう。

7 征服者

目の前の問題はじきに解決します。同じ場所にとどまらず、次の夢に向かって前進あるのみです。

4 鍵

秘密を抱えているようです。明らかにしなくてよい場合もありますが、自分の心に鍵をかけているのかも。

Q 田園の妻

素朴で温かい心の持ち主である女性を意味しています。気取らず、親切でいることを意識して。

9 蛇

あなたに何かが忍び寄っている暗示。よい影響を与えるものかどうかはわからないので注意して。

6 祝杯

ほんのひととき訪れる喜びを暗示。今はよくても、調子に乗らずに気を引き締めておくことが大切。

3 鏡

自分を見つめ直す時期です。あなた自身とじっくり向き合えば、今後進むべき道が見えてきます。

スペードの物語

スペードとは、イタリア語で「剣」を意味します。剣は争いの象徴ですが、物事をシャープに割り切る思考の力とも考えられます。中世では「支配者」「騎士」を暗示。現代では強い意志や力を表します。

A 矢

大きな変化が訪れるでしょう。吉と出るか凶と出るかが読めない時期なので注意しましょう。

J 軽薄な男

軟派な男性の出現に気をつけて。見た目だけ整っているというような、中身のないものを表しています。

8 いばら

今はつらい状況だとしても、その先には今より成長した自分がいるはず。前向きな気持ちが大事です。

5 影

自分の本心を偽ってはいませんか？ いずれ現状に満足できなくなるので、必要以上の我慢は禁物。

2 十字架

自分勝手な言動はやめておきましょう。悟りの境地に至るような心構えが、幸せを呼び込みます。

K 敵

あなたを敵視している人物がいるかもしれませんが、大らかな気持ちで対応すれば大丈夫です。

10 車輪

逃れられない運命の流れに巻き込まれそうです。あなたの気持ちに反するものには逆らって。

7 戦車

あなたの行く道を阻むものがあっても、突き進んで大丈夫。自分を信じて前だけ見ましょう。

4 石

周りからは頑固だと言われても自分を突き通しましょう。それがあなたにとっての正しい道です。

Q 恋のライバル

勝負事では公平さが大切。ただし、どうしても譲れないときは、強い気持ちで戦うしかありません。

9 ヴェール

本質を見抜く目が曇ってしまい、判断ミスにつながるかもしれません。曖昧な態度は避けるように。

6 泥

意外なところで恥ずかしい思いをするかも。しかし、予想外の幸運を手にする可能性もあります。

3 円

完成した世界を意味しています。頑張りが報われ、物事が完成し、成就するでしょう。

トランプ占い②

神秘の七星占い

太陽、月、水星、金星、火星、木星、土星という七つの惑星の力を借りて未来を占う、トランプ占いです。この七つの惑星は人々に強い影響を及ぼす力の強い星とされ、古代の占星学で使われていました。この流れを汲んで生まれたものが、現代の占星術です。

「机の上の占星術」と呼べるほどの的中率を誇る占いですから、遊び半分で試さないこと。どうしても知りたい未来があるときだけ、集中して行いましょう。まずは占いたいテーマを決めます。七つの惑星の意味を知り、どの部屋のカードで占うかを決めてください。

1 自分自身の部屋

（対応する星・太陽）

あなたが今、どのような状況かがわかります。迷っているあなたに対して、本当は何をしたいのか、何をするべきなのかなど、あなた自身も気づかなかった無意識からのメッセージを届けます。健康面も占えます。

2 人間関係の部屋

（対応する星・月）

家族や友人、上司や同僚など、あなたの身近にいる人との関係を表す部屋。コミュニケーションをとるときに注意すべきことがわかります。相談相手を探しているときも導いてくれるでしょう。

3 知性の部屋
（対応する星・水星）

仕事運全般を表す部屋です。今のあなたにぴったりな仕事のやり方やアドバイス、天職などを教えてくれます。あなたの才能を活かすコツや、あなたが輝ける場所が見つかるでしょう。

4 恋愛の部屋
（対応する星・金星）

恋愛に関することはこの部屋でわかります。新たな出会い、片思いの行方、つき合っている人との関係、結婚できるかどうかなど、あらゆる恋の悩みにアドバイスをくれるでしょう。

5 戦いの部屋
（対応する星・火星）

現在の勝負運がわかります。資格試験や昇進試験といった試験前に占ってみるといいでしょう。コンクールやオーディション、大きな仕事、ライバルとの競争などの結果も見えてきます。

6 幸運の部屋
（対応する星・木星）

ラッキーを暗示する木星の部屋が、幸せの風が吹く方法を教えてくれます。最近、ツイていなければこのカードを引きましょう。これから出会えそうなラッキーハプニングがわかります。

7 試練の部屋
（対応する星・土星）

あなたの元に訪れる試練やトラブルがわかります。どのような形で現れるのか、どう乗り越えていけばいいのか、アドバイスをくれるでしょう。順調なときこそカードに問いかけてみてください。

占い方

①それぞれのスート（組）のA、K〜7までの8枚を4組、計32枚を用意しましょう。32枚のカードで占う方法は、ヨーロッパなどではもっともスタンダードな方法です。

②心を落ち着け、占いたいことを心に一生懸命念じながら、シャッフル&カットを行いましょう。

③カードを一つの山に整え、全体を七等分します。だいたいでOKです。

④七等分したカードを、図の1から7まで順番に裏返しのままおいていきます。これで数枚ずつのカードの山が七つできました。

⑤自分が占いたい内容の部屋に置いてあるカードの山から、一番下のカードを引き抜きましょう。

⑥そのカードがあなたの占いに対する答えです。まずはスートの意味を101ページから104ページの上段の「○○物語」の解説で理解してから、それぞれのナンバーでより詳しく見ていきましょう。

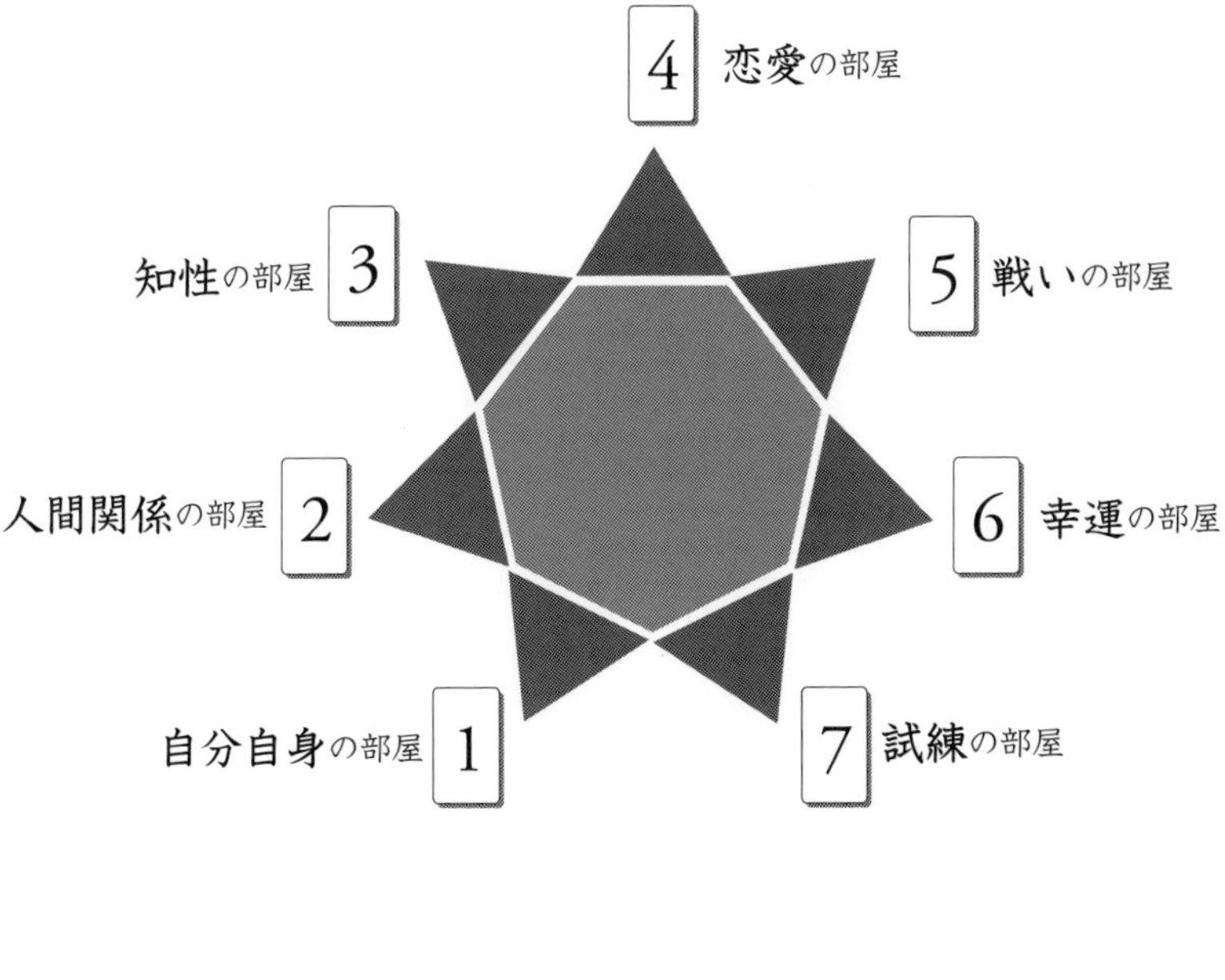

自分自身の部屋

（対応する星・太陽）

1

◆ダイヤの総体運

質素でシンプルな生活を心がけている人も、少しぐらい贅沢をしてOK。欲しかったものが不思議と手に入りやすいので、洋服や雑貨などはチェックしておいて。安いものより質のいいものを選ぶ、エステに通うなど、自分を徹底的に輝かせるチャンス！

♥ハートの総体運

最近のあなたは絶好調。ポジティブなパワーに満ちていて、好奇心いっぱいに動き回っているのでは？　その元気の源は素敵な恋のせいかもしれません。今はいないという人でも、近いうちに気になる人が現れそうです。ただし、恋の病にはご注意を。

◆A 「美味しい話」が飛び込んできそう。直感が冴えているのでピンときた話には乗ってみて正解です。

♥A スタートのとき。過去に起きたことはいつまでも引きずらず、新たな環境に飛び込めば解消できます。

◆K 自分のためではなく、人のために動きましょう。あなたの親切が、やがて大きな収穫につながっていきます。

♥K 素直な気持ちになり、アドバイスに耳を傾けましょう。特に父親や上司など年配の男性から学べます。

◆Q 少し傲慢になっています。人の話に聞く耳を持たないと、あなたに対して批判的な見方をする人が現れそう。

♥Q 魅力が全開になるので、目一杯おしゃれを楽しみましょう。優雅な立ち居振る舞いや穏やかな喋り方が◎。

◆J まめにメールを返すなど、些細なことをおろそかにしない姿勢がラッキー。新たなチャンスが舞い込みます。

♥J 頭の回転が速くなり、独自のユーモアセンスが光るとき。好きな人には楽しい会話と笑顔でアタックして。

◆10 忍耐強さが増しています。普段なら諦めてしまうことにぜひチャレンジを。大きな成果を得られるはず。

♥10 パーティーや合コンなど人が大勢集まる場所が吉。社交運が良好で、知り合いが増えて世界が広がりそう。

◆9 思うように進まないかもしれません。周囲に八つ当たりするとトラブルに発展しそうなので、気をつけて。

♥9 新たな希望や目標が湧き上がりそう。やる気が満ちてくるので、始めたいことがあるなら今すぐ挑戦を。

◆8 注目度が増して、誰かがあなたの噂話をしているかも。あまり気にせず、さらりと受け流しましょう。

♥8 頭がクリアになり、物事を論理的に見つめられそう。今のあなたなら冷静に対処できます。愛情運も良好。

◆7 いつもより感情表現が豊かになっています。場合によっては反感を買われるのでＴＰＯをわきまえましょう。

♥7 大幸運期到来！　あらゆることがうまくいくでしょう。いい意味でわがままになることが今のあなたには必要。

♠スペードの総体運

運気は少々停滞気味。最近、ツイてないと思うことが多いのでは？　ちょっとしたことでイラついたり、落ち込んだり、長年の取り組みが頓挫したり、失敗に終わったりするかもしれません。でも周囲の人に悪口を言うと運気が下がるので注意。

♠A　感激したかと思えば大ショックを受けるなど、運気の波が激しいとき。自分の軸をしっかりともつこと。

♠K　トラブルが起こりやすい運気。でも友人に頼ってばかりではダメ。今は自力で解決する努力をしてください。

♠Q　繊細さが増し、ちょっとしたことでも気持ちが落ち込みやすい時期。友人に相談すれば気持ちが落ち着くはず。

♠J　気持ちが不安定になっているかも。友人とのトラブルも発生しやすいので、八つ当たりしないよう距離を置いて。

♠10　やりたいことに対して、誰かに反対されたり邪魔が入ったりしそう。ゴリ押しは逆効果なので時期を待って。

♠9　これまでの考え方ややり方に一区切りをつけましょう。自分を見つめ直し、悪習慣をきっぱりと断つべき時期です。

♠8　ストレスが体調に影響を及ぼしそうな時期なので注意。多忙でも、少しでもリラックスする時間を作りましょう。

♠7　両親や友人、同僚などと、些細なことでトラブルに発展しがちなとき。自分自身を見失わないようにしてください。

♣クラブの総体運

これまでの努力が報われるとき。あなたの才能や魅力が周囲に認められ、素晴らしい幸運がやってくるでしょう。控えめな態度や考えすぎはＮＧ。考えるよりもまずは動いて、積極的に行動半径を広げましょう。新しいことを始めるには大チャンス！

♣A　何かを始めるなら今です。迷っていること、やりたいことがあるなら、今すぐ行動を起こしてください。

♣K　何事もやる気満々になれそうです。親しい友人に応援してもらえば、さらにモチベーションがアップします。

♣Q　ノリノリの好調期。でも調子に乗りすぎて友人にお節介をいわないように注意。思いやりの心を忘れずに。

♣J　行動力と判断力が抜群のとき。でしゃばりすぎたかなと思うくらいがちょうどいいので、好機を逃さないで。

♣10　ストレスが溜まっていませんか？　旅行に出かけて気分をリフレッシュさせれば、やる気が戻ってきます。

♣9　目上の人のアドバイスが大切な時期。素直な気持ちで話を聞けば、あなたの迷いや疑いは晴れるはずです。

♣8　向上心がアップしているので、尊敬している人や自分よりもレベルの高い人と行動を共にするのがおすすめ。

♣7　大幸運期到来！　あらゆることがうまくいくでしょう。いい意味でわがままになることが今のあなたには必要。

人間関係の部屋 2

（対応する星・月）

◆ダイヤの総体運

身近な人との関係は良好です。特に仕事関係の知り合いから耳寄りな情報を得られそうなときなので、マメに連絡を取り合うとよさそうです。また、この時期はいつも以上に親孝行すると◎。両親との絆が深まりやすく、さらにラッキーを呼び込めます。

♥ハートの総体運

このカードが出たら、あなたをずっと見守っていてくれる、大切な存在がそばにいるということです。たとえば友人や同僚、上司、家族など。迷ったり不安を抱えたりしたときは、頼りにしている人に相談してください。日頃から感謝の気持ちは忘れずに。

◆A コミュニケーション運は良好ですが、お金の貸し借りは厳禁。少額でもトラブルの元になるので注意して。

◆K なるべく父親と一緒に過ごしたり、連絡を取ったりしましょう。人間関係のトラブルは、あなたが大人になって。

◆Q 噂好きの女友達には要注意。あなたも陰口を叩かれる恐れがあるので、軽率な言動を慎むことが大切です。

◆J 友人と喧嘩をしそうな暗示。間を取り持ってくれる第三者の友人を通じて謝れば、関係は修復できます。

◆10 仲のいいグループで旅行に出かけると吉。ちょっぴりゴージャスな旅にすれば、気持ちもリフレッシュ。

◆9 物事を進めようとすると邪魔が入りそう。同性の友人に振り回されないよう、自分のペースを保って。

◆8 気が緩み、口が軽くなっている様子。大切な秘密を周囲に漏らしてしまわないよう、くれぐれも注意を。

◆7 妹や弟、後輩など年下の相手から素敵な助言を得られそうです。真実を含んでいるので、聞き逃さないように。

♥A 困ったことは隠さず、両親や兄弟姉妹に相談するのが一番。家族には意地を張らず、思いっきり甘えましょう。

♥K 友達以上恋人未満という関係の人が見守ってくれています。あなたの悩みにいいアドバイスをくれるはず。

♥Q 尊敬できる同性の友人と目一杯遊びたい時期。楽しい時間を過ごせるだけでなく、学ぶことも多いでしょう。

♥J 友人のペースに合わせすぎて多忙かも。楽しいかもしれませんが、本来の自分のペースを見失わないように。

♥10 トラブルが発生する暗示。一人では悩まず、今は家族や友人など心を許せる相手に頼ってしまってOKです。

♥9 何気ない友人の一言が、あなたの成長を促すメッセージとなります。頑固な姿勢は捨て、注意深く耳を傾けて。

♥8 何かと誘いが多い時期です。友達を増やすことが幸運につながるので、どんどん出かけて友達を作りましょう。

♥7 あなたを助けてくれる友人が現れるでしょう。目標を達成するためにも、友人の援助は快く受けましょう。

スペードの総体運

少々運気は波乱含み。仲がいい友人との別れや、小さな衝突、気持ちのすれ違いなどを暗示していて、心を痛めてしまうかもしれません。でも、つらい気持ちからヤケになるのはダメ。この時期は自分をしっかりと持つことを心に刻んでください。

♠A あなたにとってあまりプラスではないグループに近づいています。本来の目標を見失わないようにしてください。

♠K 友人とのトラブルが少々心配なとき。今は安易に誰かに頼らず、自分の力で切り抜けたほうがいいでしょう。

♠Q 気持ちが不安定になっています。具体的な助言を求めず、ただ話を聞いてもらうだけなら誰かに相談してOK。

♠J 繊細さが増し、ナーバスになっているあなた。周囲の発言に傷つけられるかもしれませんが、聞き流す努力を。

♠10 周囲の目を気にしすぎると、自分の目標を見失ってしまいます。周囲の意見に縛られず、自分の信じる道を歩んで。

♠9 親しい友人と意見が衝突するかも。今はあなたに原因がありそうなので、素直に反省して早めに謝りましょう。

♠8 友人関係でトラブルが発生しそう。あなたから心を開いても、今は受け入れてもらえないので時間を置いて。

♠7 両親や親友など身近な相手との関係が難しい時期。誰かに甘えず、あなたがしっかりすることでうまくいきます。

クラブの総体運

同じ目標を持つ友人との交流がカギ。お互いにプラスの刺激を受け合い、大きく成長できそうです。やりたいことがあるなら家族や恩師、先輩や上司など、身近な目上の人の話を聞きましょう。思わぬ援助を受け、大きく前進できるという暗示が出ています。

♣A 最近疎遠だった友人から連絡がありそうです。あなたの考えを伝えれば、意気投合して関係が復活するかも。

♣K 恋人には物足りないけれどいい人、そんな人があなたのそばにいます。いざというとき助けてくれるでしょう。

♣Q トラブルが起こりやすい時期。黙って悩みを聞いてくれる友人が助けてくれるので、一人で抱え込まないで。

♣J 週末は友人と身体を動かすと◎。スポーツ好きな異性との縁もあります。なるべく大勢で楽しむのがポイント。

♣10 少しわがままになっています。誰かと衝突しやすいので、静かな時間を作って自分の行いを反省して。

♣9 ナイーブになり、周囲に心を閉ざしがちなこの頃。大切な人間関係を失わないためにも、もっと心を開いて。

♣8 状況が激変します。敵対していた相手が急に味方になるなど、人間関係の変化が激しいので戸惑わないように。

♣7 派手に遊び回るよりも、お金を使わずに遊ぶ工夫をすることで、友人との関係がさらに親密になりそう。

知性の部屋

(対応する星・水星)

3

◆ダイヤの総体運

仕事運は努力すればするほど成果を上げられる好調期です。一方、遊びの誘惑も多い時期なので、気晴らしのつもりで誘いに乗ったら、ズルズルと深みにはまってしまいそう。今は我慢のときと心得、楽しいことは目標を達成した自分へのご褒美にして。

◆A 疑問に感じても、とりあえず続けることが大切。積み重ねた時間の分だけ、大きな結果を生み出します。

◆K あなただけの考えで物事を進めるのは危険。仕事の疑問点は、上司や先輩に質問しながら取り組みましょう。

◆Q あなたが努力をしている側で邪魔をする存在がいそうです。相手の言葉に振り回されないでください。

◆J 仕事の息抜きに、同僚などを誘って外出すると◎。気分がリフレッシュし、やる気や気力が回復します。

◆10 仕事が行きづまったときは、自分のデスクを離れると吉。場所を変えて仕事をすればいい気分転換になります。

◆9 モチベーションが下がる出来事が起こりそう。文句を言っても仕方がないので、新しい目標を見つけましょう。

◆8 得意先の相手など、仕事を通して気になる異性の存在が。今は舞い上がらず、仕事に専念しましょう。

◆7 なかなか頑張りが認められない時期。先輩や上司からダメ出しされそうですが、めげずに努力を続けましょう。

♥ハートの総体運

遊びや恋など、掲げている目標以外のことが忙しすぎて、最近モチベーションが下がっているのでは？　このままズルズルと楽しいことに引っ張られると、後悔してしまいそう。しっかりと日々のスケジュールを立てて、守るように努めてください。

♥A トントン拍子にうまくいく時期。それほど頑張らなくても成果を得られますが、慢心せずに努力を続けましょう。

♥K 目上の人のアドバイスが、成功を握るカギ。自分の判断だけで仕事を進めても、成果は上がりにくいでしょう。

♥Q 頑張ることにきまり悪さを覚えていませんか？　仕事に身が入っていないので、気合を入れ直してください。

♥J 遊び仲間に引っ張られて、仕事が疎かになっています。時間の使い方を反省し、スキルを磨く時間を増やして。

♥10 それほど頑張らなくてもそこそこの成果を得られます。そんなツキは長く続かないので、甘い考えは捨てましょう。

♥9 あなたの努力が成果に見え始めています。着実に力をつけているので、今のまま突き進んで大丈夫です。

♥8 恋心があなたのペースを乱してしまいそう。自分を律して、目標達成に向けて努力を続けてください。

♥7 努力の分だけ成果が出て、社内の評価や成績がグッと上がりそう。過信せず、今後の計画をしっかり立てて。

スペードの総体運

今のあなたはやる気に満ちています。仕事の目標を達成したり、自分の興味あるジャンルを追求したりといったことに燃えているでしょう。ただ、自分の世界に没頭しすぎて友人とのつき合いが疎遠にならないよう、人と接する時間も大切にしましょう。

♠A トップの成績を叩き出すなど、絶好調！　ここで慢心せず、さらなる高みを目指して突っ走ってください。

♠K 異性の存在があなたの仕事の足を引っ張りそう。異性のライバルや先輩の言動には少々注意が必要です。

♠Q 女性の同僚がキーパーソンです。仕事の不明点や疑問点は彼女に聞くと、大きな助けになりそうです。

♠J できるタイプの同僚があなたを救ってくれます。お互いの得意分野を活かし、持ちつ持たれつの関係が◎。

♠10 仕事熱心なのは素晴らしいですが、たまには息抜きが必要なとき。友人の誘いには少しでも顔を出しましょう。

♠9 努力が報われず、つらい気持ちになるかもしれません。パーッと遊んでリフレッシュして、もう一度挑戦してみて。

♠8 緩急を織り交ぜた仕事のやり方が吉。根をつめて没頭しすぎると、体調を崩してしまうかもしれません。

♠7 ストレス注意報。集中できないと感じたら、デスクを離れて外をぶらつけば、アイデアが浮かぶでしょう。

クラブの総体運

これまで努力してきた人には、大きな成果が訪れるでしょう。確実に実力がアップし、周囲にも認められます。今度はもっと高めに目標を設定しても、仕事運が絶好調のあなたなら成し遂げられるはず。資格や検定試験なども腕試しのつもりでぜひ挑戦して。

♣A 資格試験や昇進試験などに挑戦している人は大チャンス。必ずいい結果を得られるので自信を持ちましょう。

♣K 努力と成果が結びつかないなら、先輩にアドバイスをもらって。ちょっとしたコツを教えてもらえるはず。

♣Q 年上の女性からいいアドバスをもらえそうです。仕事の相談に乗ってもらえば、ぐんぐん成果が上がりそう。

♣J スポーツ好きの男性がラッキーパーソン。何気ない会話を楽しめば、仕事へのモチベーションがアップします。

♣10 集中力が切れているなら、思い切って仕事を離れて外出を。仕事のことを考えずにぶらぶらと散歩すると◎。

♣9 両親に仕事の話をしてみましょう。思いもよらないアドバイスや意外なアイデアを示してくれそうです。

♣8 あなたの努力を見てくれている人がいます。その人があなたを育て、いい方向を指し示してくれるでしょう。

♣7 金銭的な問題で断念していた、やりたかったことに光明の兆し。諦めなければきっと願いはかなうでしょう。

恋愛の部屋

(対応する星・金星)

4

◆ダイヤの総体運

恋愛運は好調です。とくにパーティーや合コンなど華やかな場所での出会いが待っているでしょう。ワンランク上の異性をゲットできるかもしれません。恋人のいる人は、安定期に突入。ちょっとしたサプライズや贈り物が相手を喜ばせるでしょう。

◆A　気になっていた相手から告白されるなど、活気のある恋愛運です。恋人のいる人は、高額なプレゼントをもらえるかも。

◆K　年上の異性と縁がありそう。ただし、すでにパートナーがいる人とは距離を置いて。恋人のいる人は、もっと甘えてもよさそう。

◆Q　友人と同じ人を好きになるなど、恋のトラブルが生じるかも。恋人のいる人は、相手の浮気に目を光らせてください。

◆J　第三者の存在があなたと相手を結びつけるでしょう。好きな人との仲介役や、喧嘩した恋人との仲を取り持ってもらえるかも。

◆10　旅先で運命の相手に出会えそう。普段より身なりに気を使って。恋人のいる人は、普段と違う場所で待ち合わせをすると◎。

◆9　ライバルの気ままな振舞いが、あなたの邪魔をしてくるかもしれません。恋人のいる人も、パートナーを誘惑してくる存在の予感。

◆8　さりげない仕草にドキッとした人がいたら、恋の予感です。恋人のいる人は気持ちがフラフラしやすいときなので要注意。

◆7　ストレートなアプローチはNG。センスの光る会話で迫りましょう。恋人のいる人は、喧嘩で冷戦状態に。あなたから謝って。

♥ハートの総体運

恋のチャンス到来です。恋愛願望も高まっている今、気になる異性が続々と現れるので、ぼんやりしていてはダメ。チャンスを捕まえられるかどうかはあなた次第でしょう。恋人のいる人は、さらに愛が深まる時期。あなたの思いやりが愛情を育てます。

♥A　思いもよらない人からデートに誘われるかも。とりあえず受けてみて。恋人のいる人はコミュニケーションを密にとりましょう。

♥K　好みの異性に出会えそう。ちょっと甘えたほうが好印象を与えます。恋人のいる人は、悩み事を相談すると愛情が深まりそう。

♥Q　女性らしい、男性らしいファッションや仕草が異性の注目を集めます。恋人のいる人は、優しく接することを心がけてください。

♥J　会話上手でフットワークの軽い人との出会いがありそう。恋人のいる人は、相手の浮気に少々注意が必要な時期です。

♥10　気になる人がいるなら、成功率の高い今こそ迷わずアプローチを。恋人のいる人は、楽しいデートプランを立てましょう。

♥9　小細工は不要、ストレートな愛情表現が意中の人の心を射止めます。恋人のいる人は、多くの時間を一緒に過ごせるよう工夫を。

♥8　好きな人には、手料理など家庭的なアピールが効果的でしょう。恋人のいる人は、そろそろプロポーズされるかも。

♥7　あなたを見守っている異性の存在が。一緒にいてくつろげる人に注目して。恋人のいる人は、週末にピクニックに出かけると◎。

♠ スペードの総体運

恋愛運は停滞気味。好きになった人にすでにパートナーがいたり、つき合ってみたらまるで合わなかったり……。恋人のいる人も、すれ違いが発生しやすいでしょう。気をつけたいのは、傷ついてやけにならないこと。感情を抑え大人の態度で接しましょう。

♠A 憧れの人から告白されそうですが、あなたにプラスとなるかはわかりません。恋人のいる人はのんびりデートを楽しめそう。

♠K 失恋の可能性があり、つらい気持ちを抱えそう。自暴自棄にはならないで。恋人のいる人は、頼りない相手の態度にイライラ。

♠Q 友人に協力を仰げば好きな人との距離が縮まるかもしれません。恋人のいる人は行き違いに注意。誤解から喧嘩に発展するかも。

♠J 好きな人の前では素直にならないと、後で後悔するかも。恋人のいる人は、あなたのイライラが相手に伝わって口論になりそう。

♠10 今はアプローチするときではありません。時期を待ちましょう。恋人のいる人は、取り返しのつかない大喧嘩をしてしまう恐れが。

♠9 恋に焦りは禁物。告白には向かない時期なのでアプローチは控えて。恋人のいる人は、ちょっとしたことから別れに発展するかも。

♠8 気になる相手に関して衝撃的な出来事が起こる可能性が。恋人のいる人は、自分勝手な気持ちを押しつけるのは厳禁です。

♠7 あまりいい恋ではないので、すっぱり諦めるという選択も大切。恋人のいる人は喧嘩になりやすいので距離を置いて。

♣ クラブの総体運

恋愛運は絶好調！　いつもなら諦めてしまうような素敵な人や理想の相手とおつき合いできる可能性が高いので、積極的にアプローチしてみましょう。恋人のいる人は、一緒にいる時間をできるだけ増やしてください。最高のデートを楽しめるでしょう。

♣A 誰かがあなたに関心を抱いているという噂が耳に入ってきそうです。恋人のいる人は、電話やメールの会話が盛り上がりそう。

♣K 率直で素直な異性にときめく予感。あなたも素直になれば恋は成就します。恋人のいる人は、頼れる姿に改めて惚れ直しそう。

♣Q 気になる人を慰めてあげると、二人はあっという間に急接近。恋人のいる人は、なんでもないときこそ気遣いを忘れずに。

♣J スポーツが得意な人に恋する暗示。アウトドア系のデートに誘えば親しくなれます。恋人のいる人は、悩み事を相談してみて。

♣10 人気運が高まり、モテ期に突入。数々の恋人候補と日替わりでデートすることも。恋人のいる人は、週末に小旅行に出かけると吉。

♣9 別れた相手の友人から思わぬアプローチを受けそう。受けるかはあなた次第です。恋人のいる人は、贈り物をもらえそうです。

♣8 レベルの高い異性から告白されるかも。あなたを高めてくれる存在なのでぜひ。恋人のいる人は、相手の長所を見習うべき。

♣7 リッチな恋人候補が登場。贅沢な店に入ったり、贈り物をもらえたりしそう。恋人のいる人は、高級感溢れる空間でデートを。

戦いの部屋

（対応する星・火星）

5

ダイヤの総体運

明確な目標がある人ほど、勝負運が上がります。はっきりと順位がつけられるような試合や、何かの賞を狙う、何かに合格するといった勝負なら、今のあなたなら絶対に大丈夫。もちろん日々の努力は必要ですが、追い風はあなたに吹いています。

♦A 勝利の女神が味方についている今こそ、勝負に出るとき。これまで積み重ねてきたことが自信につながります。

♦K 闇雲な努力よりも効率を重視しましょう。緻密な計画を立てて、最小限の努力で目標を達成できるルートを探って。

♦Q あなたの進路を阻む存在がいます。職場やサークルなどにいる身近な女子に要注意。自分のペースを貫いて。

♦J 一緒に頑張れる仲間を一人、見つけましょう。二人で取り組めばモチベーションが上がり、効率も二倍に！

♦10 状況や環境が変化して、少し慌ただしい気持ちになるかも。でも、結果的にいい気分転換になるでしょう。

♦9 あなたの努力に水を差すような存在が近くにいます。体力がない時期なので、おとなしくやり過ごしましょう。

♦8 注意力が散漫になり、勝負以外のことに関心が向きがちかも。本来の目的をしっかりと心に刻みましょう。

♦7 あなたの努力を鼻で笑うような人がいそう。陰口を叩かれても気にせずに。最後に心置きなく笑うのは、あなたです。

ハートの総体運

好調な勝負運です。大切なことは、目標を明確にすること。ぼんやりと「勝ちたい」「成功したい」ではなく、具体的にどう行動すればいいかを考え、計画し、目的意識をしっかりと持って努力を怠らないようにすれば、勝利の女神があなたに微笑みます。

♥A 文句なしの勝負運。目標や夢があるなら、コンクールなどに応募して実力を試すといい知らせを受け取れそう。

♥K 優しい年上の異性の協力があなたに有利。仕事のスキルを伸ばせたり、趣味の分野を広げたりできそうです。

♥Q 少々注意力が散漫になっているかも。楽しい誘惑に目が向いているので、自分を律して目標に向かって努力を。

♥J 遊び好きの異性に振り回され、せっかくの勝負運が遠のいています。試験など明確な目標を掲げてください。

♥10 追い風が吹いています。高いレベルにチャレンジすればいい手応えを得られそう。公募やコンクールなども◎。

♥9 「営業成績一番になりたい」などクリアな目標を掲げている人には朗報。コツコツと続けたてきた努力が開花します。

♥8 楽しいイベントが多く、日々の努力がおろそかになりがち。流された毎日を送っていないか、自分を見つめ直して。

♥7 実力が拮抗している人といいライバル関係になれそう。これまで努力を続けてきた人は、大きな成功を手にします。

♠スペードの総体運

逆風が吹いている今、実力突破の正攻法では不利かもしれません。使えるコネクションを駆使するなど、別の道を模索したほうが勝利を手にしやすいでしょう。ただし、手段を選ばず相手を陥れるような方法は、あなたの信用を落としてしまうので注意して。

♠A 予想以上の成功を収めそうです。でも過信は禁物。足元を救われないよう、日頃から準備をしましょう。

♠K 実力を最大限に発揮して勝利できるでしょう。ただ、周囲に実力以上の評価を受けてプレッシャーを感じるかも。

♠Q 戦うべき相手はあくまで自分自身。ライバルを蹴落とすような形で勝利を掴むと、周囲から孤立してしまいます。

♠J 躍起になり、手段を選ばなくなっているかも。本当の勝利を得るためにも、自分の言動を振り返ってください。

♠10 勝敗にこだわりすぎていませんか？ 勝利の代わりに、とても大きな代償を支払っていないか、振り返ってみて。

♠9 残念ながら、今は努力が空回りしがちなとき。勝負に焦らず、リラックスした気持ちで挑んだほうが成功します。

♠8 勝負事には偶然の勝利を収めそうです。今後、手にした勝利にふさわしい実力を身につける必要がありそう。

♠7 一度初心に戻りましょう。その勝利の先に、あなたが本当に成し遂げたい夢や理想があるでしょうか？

♣クラブの総体運

勝負運は絶好調！ 受験や試合、オーディションなど、あらゆる勝負ごとに対して望み通りの結果を得られるでしょう。この時期に大切なのは、積極性とやる気です。面倒くさいという気持ちや、どうせ勝てないという弱気さえなくせば、目標達成は目前です。

♣A 努力が実るとき。自信を持って最後の調整に入りましょう。コンペなどの勝負事は今がラッキーチャンス。

♣K 大事な会議や交渉などの前に、おっとりとした男性と話すと吉。気持ちが落ち着き、実力を発揮できます。

♣Q 持つべきものは友であることを実感。あなたを優しく励ましてくれるので、勝負に臨む気持ちが戻ってきます。

♣J 大事な試合や試験が近いならラッキー。日々積み重ねてきた努力を信じれば、必ず勝利を掴めるでしょう。

♣10 あなたのやる気が結果を左右します。仕事でも趣味でもテンションを上げて挑めば、満足のいく結果を得るはず。

♣9 たまには実家でのんびりするのがおすすめ。家族に悩み事を相談すれば、いいアドバイスがもらえるでしょう。

♣8 先輩や上司など、目上の人にアドバイスをもらうと吉。一人の力では難しいと感じたら、周囲に頼ることも必要。

♣7 公募やコンクールなど、賞金に関わる勝負事に吉兆です。勝敗よりも賞金狙いでチャレンジしてみて。

幸運の部屋

（対応する星・木星）

6

ダイヤの総体運

金銭面でびっくりするような幸運が舞い込むでしょう。予想外のボーナスが出たり、基本給がアップしたり、遺産が転がり込んできたりといった可能性も。欲しかったアイテムを偶然プレゼントでもらえるといったこともあり、リッチな気分を満喫できそう。

♦A 忘れていたタンス貯金が出てくるなど、思いがけないお金を手にするかも。アクセサリーを贈られる暗示も。

♦K 家族や親戚を通してお金が入ってくる可能性があります。親孝行がカギなので、実家でくつろいでみては？

♦Q 何気ない雑談の中に思わぬヒントや美味しい話が隠されています。友達とカフェでおしゃべりを楽しんで。

♦J 毎日コツコツと積み上げてきたことが幸運を呼び込みます。誘惑に負けない心の強さを持ちましょう。

♦10 周囲に反対されているなら、説得するチャンス。引っ越しや環境の変化などで、ラッキーが舞い込みます。

♦9 喧嘩や衝突などが起こりやすいですが、むしろ絆が深まるでしょう。誠実な態度で接することが幸運の鍵です。

♦8 ドラマのような出会いや、運命的な出来事が待ち受けているでしょう。そのチャンスには絶対に飛び込んでください。

♦7 親しい友人など周囲から厳しい意見を言われそう。耳が痛い言葉ですが、しっかり受け止めることで運気アップ。

ハートの総体運

親密なコミュニケーションが幸運を運んでくれます。友人、恋人、家族、職場の仲間など、積極的に関わっていきましょう。恋愛運も好調で、ワクワクした気持ちになったり精神的に安定したりして、数々の幸運を芋づる式に引き寄せてしまうでしょう。

♥A 望んでいたうれしい知らせがやってきます。外でアクティブに駆け回るより、部屋で静かに過ごすほうが◎。

♥K キーパーソンは年上の男性。礼儀正しく接すれば何かと気にかけてくれ、いいアドバイスをもらえそう。

♥Q 身だしなみを整えることが幸運のカギ。ちょっとの時間でも、外出するときはファッションや髪型などに気を遣って。

♥J 人が集まる賑やかな場所がラッキー。パーティーやコンパなどには顔を出し、会話上手な男友達を作りましょう。

♥10 エネルギッシュに動けるとき。仕事、趣味、ボランティアなど、何事もワクワク楽しみながらできそうです。

♥9 願い事の一つがかないそう。ささやかな望みでも、あなたを幸福感でいっぱいに満たしてくれるでしょう。

♥8 知り合いの異性から突然のアプローチを受けそう。メールやＳＮＳから吉報が届く暗示なのでまめにチェックして。

♥7 通りすがりの人に親切にされるなどうれしいことがありそう。苦手な先輩や上司とも今ならスムーズに話せそう。

♠スペードの総体運

これまであまりいいことがなかったというあなた。今までの試練はあなたを成長させるための布石でした。時期がくれば、これまで起きたことが別の顔を見せるようになり、幸運へと結びつくでしょう。まもなく追い風になりますから、負けないでください。

♠A 悩みが吹き飛ぶような刺激的な出来事が起こりそう。目が覚め、新たな気持ちで取り組めるでしょう。

♠K 一見頼りない男友達がラッキーパーソン。力が入りすぎているあなたの気持ちをほぐし、リラックスさせてくれます。

♠Q 長い間の片思いに終止符が打たれそう。でも失恋を乗り越えた先には、もっと素敵な出会いが待っています。

♠J 今は苦しい状況ですが、あなたを助けてくれる存在が近づいています。差し伸べられた手には捕まりましょう。

♠10 周囲の反対で思うように進まない時期。今は動かないほうが正解なので、焦らず静かに時期を待ちましょう。

♠9 努力が水の泡になる不運が起こるかも。くよくよしても仕方がありませんので、気持ちを切り替えて再チャレンジ。

♠8 ちょっと頑張りすぎているかも。体調を整え万全の状態で挑むためにも、この辺りで少し休みを取りましょう。

♠7 嫌なことばかり続くと感じているなら、思い切って些細なこだわりを捨ててみて。物事の違う一面が見えてくるかも。

♣クラブの総体運

クラブを手にしたあなたは幸運です。恋愛、仕事、お金、夢や目標……ありとあらゆるものがいい方向へと回り始めるでしょう。何も恐れることはありません。人生最大のラッキーチャンスを絶対に逃さないよう、思うままに突き進んでください。

♣A 忘れていた預金通帳が出てくる、欲しかったものをもらえるなど、ラッキーなことが立て続けに起こりそう。

♣K ピンチがチャンスに変わるなど、運よく救われるでしょう。優しさ溢れる男友達が幸運の鍵を握っています。

♣Q 身近な年上の女性があなたに幸運を運びます。あなたの悩みに対して的確なアドバイスをくれるでしょう。

♣J ストレス発散には身体を動かすのが一番。汗をたっぷりかいてデトックスすれば、幸運体質に変わります。

♣10 降って湧いたような幸運が訪れます。せっかくのチャンスに乗らなければ損。今すぐ行動に移しましょう。

♣9 プレゼント運が好調です。欲しかったものが手に入ったり、友達からの贈り物が気に入ったりしそうです。

♣8 思いがけず有力者に目をかけられ、ビッグチャンスが到来します。親しい友達の結婚など、うれしいニュースも。

♣7 ボーナスなどの臨時収入がありそう。友人や後輩にご馳走するなど、幸運をおすそ分けしてあげるといいことが。

試練の部屋

(対応する星・土星)

7

ダイヤの総体運

数々のトラブルが起こるかもしれませんが、冷静になりましょう。ドタバタしても解決の糸口は見出せませんから、まずは現状を把握すること。あなた自身が起きた出来事に振り回されないようにして、大人の対処法を身につけられれば乗り越えられます。

◆A	友人との間に金銭トラブルが発生しそう。やんわりとした口調で催促すれば深刻な事態には発展しません。
◆K	信じていた人に裏切られる可能性が。そんなときは目上の男性に対応を頼めば、問題が解決するはずです。
◆Q	秘密をバラされるなど、ショックな出来事が起こりそう。心優しい女性の友達に慰めてもらいましょう。
◆J	大切な人との仲を裂こうとする存在が。直接対決すると面倒なことになるので、第三者に仲介してもらうと◎。
◆10	ミスをしたり、人前で恥をかいたり、何かをなくしたりといったトラブルが発生しそう。こまめに気分転換を行なって。
◆9	両親や親しい人と喧嘩をしてしまいそう。しばらく距離を置けば、お互いに冷静な気持ちになれるでしょう。
◆8	好きな人に気持ちを受け入れてもらえないかも。思い切って執着を捨て、他の異性に目を向けてみましょう。
◆7	根も葉もない噂に傷つけられてしまいそう。相手が面白がるだけですから、距離を取って無視するのが一番です。

ハートの総体運

あなたが抱えている悩みやトラブルを解決する鍵は、家族や友人など、あなたにとって身近な存在です。関係ないからと思わず、一人で悩むよりもぜひ周りの人に打ち明けてみて。何気ないアドバイスや優しさが心に染みて、光明を見いだせるはずです。

♥A	異動や転勤などの環境の変化があり、とまどいそうです。そんなあなたを慰めてくれるのは、家族や友人でしょう。
♥K	恋人や親友が抱える問題に巻き込まれそう。第三者に相談して、具体的なアドバイスをもらうといいでしょう。
♥Q	気まぐれな友人に振り回される暗示。愚痴をこぼしたくなったら、のんびりした穏やかなタイプの女友達と会って。
♥J	家族や恋人など親しい人と口喧嘩に発展してしまう可能性が。気さくな男友達に打ち明け、気分をリフレッシュ。
♥10	状況が刻一刻と変化していきます。前向きな姿勢を貫けば悪い展開にはなりませんから、戸惑わないように。
♥9	友人との軋轢に悩んでしまいそう。あなたのほうから辛抱強く接すれば、やがて誤解は解けるはずです。
♥8	「誰も自分のことをわかってくれない」とネガティブな気持ちに。根気が必要なときなので焦らないで。
♥7	あなたの活躍に嫉妬する人が現れそう。自分から心を開いて接すれば、その人は心強い味方になってくれます。

♠ スペードの総体運

ささやかな心配事から大きな問題まで、さまざまなトラブルが襲いかかってくるでしょう。原因を探ると、ひょっとしたらあなた自身に悪いところがあったかもしれません。自分の行いを振り返り、反省するくらい謙虚な態度でいれば、やがて収束します。

♠A 親しい人との別れなどショッキングな出来事が起こりそう。でも、のちにそれ以上の喜びを経験しそうです。

♠K あなたを敵対視するライバルが登場する予感。この時期は周囲に振り回されないよう、自分をしっかりもって。

♠Q 信用していた女友達に裏切られるかも。ショックですが、優しい女友達があなたの味方になってくれます。

♠J 誰かに騙されてしまいそう。悪い人が近づいている暗示なので、この時期は人を簡単に信じすぎないこと。

♠10 ストレスが体調に影響を及ぼしやすい時期です。あまり予定をつめこまず、休日は自宅でのんびり過ごして。

♠9 親しい友達との別れなどつらい経験があるかも。運気が低迷中の今はじっと耐え、状況が変わるまで待ちましょう。

♠8 仕事も遊びも忙しすぎて疲れているのでは？　苛立ちを他人にぶつけるのは厳禁。リラックスタイムを作って。

♠7 なんでもないことに不満が募り、イライラが爆発しそう。自分の目標を今一度しっかりと見つめ直しましょう。

♣ クラブの総体運

起きてしまったトラブルは仕方がありません。この時期に大切なのは、あなた自身の知性と勇気、そしてプライドです。泣き言を言う暇があるなら問題解決の方法を模索しましょう。自尊心にかけてトラブルに負けない自分を演出すれば、大丈夫です。

♣A 心ない人たちから悪いニュースを聞かされそう。でも、いいニュースもすぐに飛び込んでくるから、安心して。

♣K 相手のお節介や行きすぎた親切心から、少々困ったことになりそう。思い切ってやんわりと断りましょう。

♣Q 女友達に悩み事を相談しても、見当はずれな答えが返ってくるかも。自分で考えて決断したほうがよさそうです。

♣J 責任感のない人に振り回されてしまうかも。上司や先輩に相談し、やんわりと相手を諭してもらいましょう。

♣10 あなたの目標の前に障壁が立ちふさがるかも。好きな音楽を聞いてリラックスすると、解決の名案が浮かびそう。

♣9 親しい人との別れを暗示。その人があなたに残してくれた大切なものを、今後の人生に活かしましょう。

♣8 提出する書類に難あり。書き間違いで信用問題に発展する恐れが。目上の人に相談して危機を乗り越えて。

♣7 金銭面でトラブルが発生しそう。特に人から預かったお金をなくさないよう、くれぐれも注意してください。

トランプ占い③

キューピッドの矢占い

「好きな人と両思いになるには?」「恋のライバルはいる?」など、恋に関することならなんでも占えます。気になる相手を思い浮かべながら占いましょう。

占い方

① 占いたいことを思い浮かべながら、ジョーカーを除く52枚のカードをシャッフル&カットをします。

② 5枚のカードを裏返したまま1枚ずつ、A〜Eの位置に並べていきます。

③ 1枚ずつカードを開き、101〜104ページを参照しながらシンボルの意味を読み進めていきましょう。

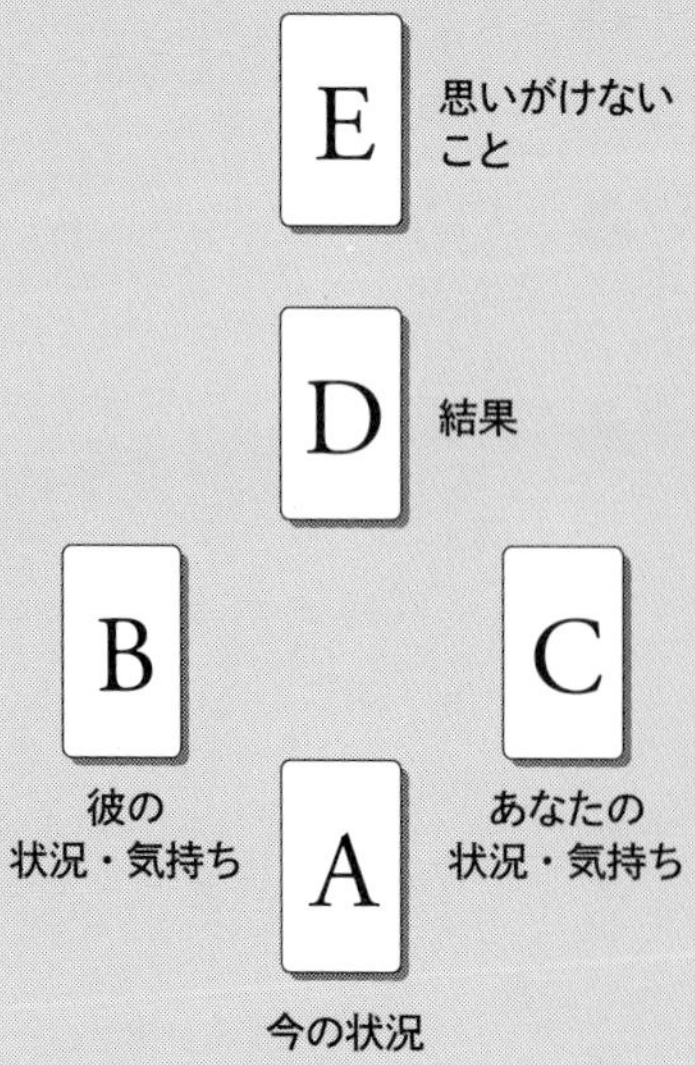

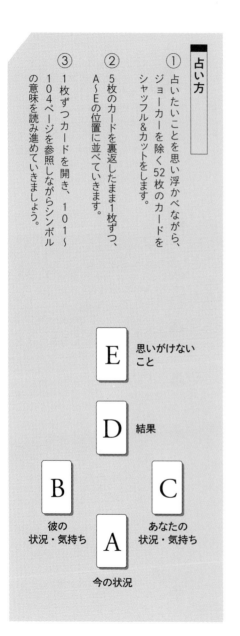

鑑定例

好きな人がいます。両思いになれますか？

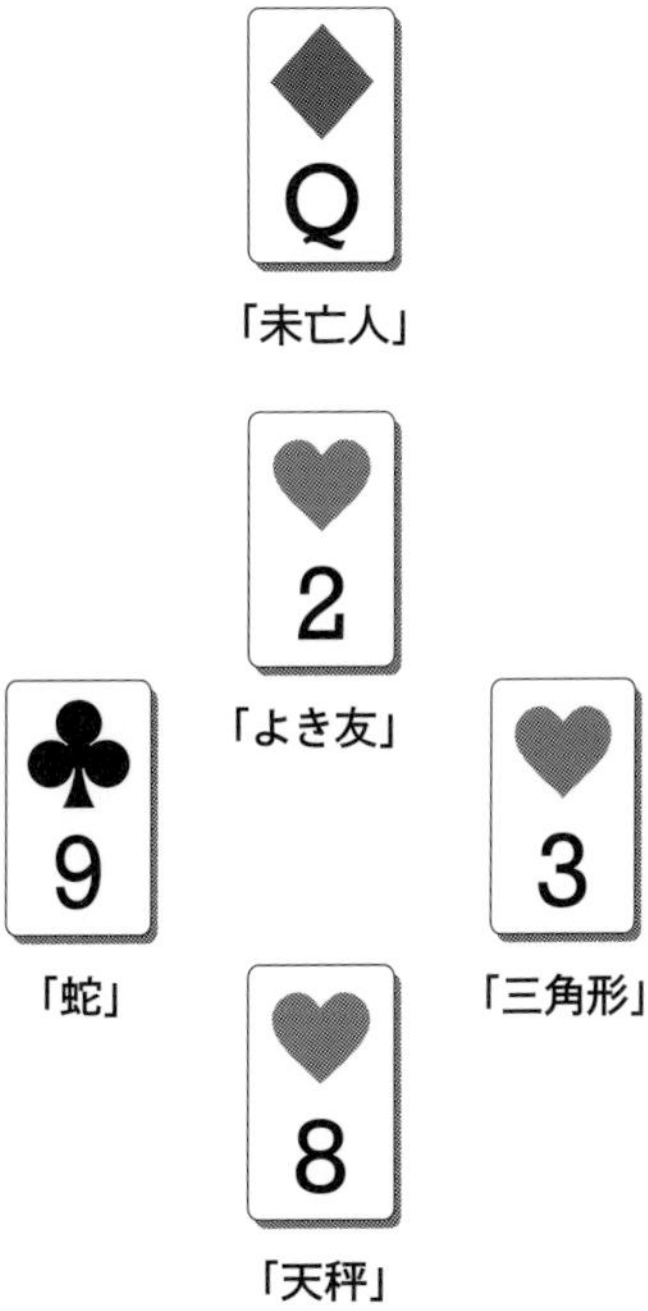

結果

今の状況を表す♥の8のシンボルは「天秤」。良好な人間関係や何かに招待されることを表すので、近いうちにみんなで集まる機会が訪れるかもしれません。現在の状況としては、とてもいい運気です。

続いて彼の状況や気持ちを表すカードは♣の9。シンボルは「蛇」で、彼が人間関係のトラブルに巻き込まれるか、何か困難な立場に置かれる可能性があることを暗示しています。

一方、あなたの状況や気持ちを表す♥の3のシンボルは「三角形」。これは人間関係を表すカードなので、みんなで集まったときに彼への気持ちが高まり、事態が動き出す可能性があります。

結果を表すカードは、シンボルが「よき友」の♥の2が出ました。誰かの協力を得て成功することの暗示です。みんなで集まったとき、その場のノリで彼に接近して仲が深まるのかもしれません。もしかしたら、彼の困難な状況をあなたが取り除いてあげるのかも。

最後に思いがけない出来事を暗示するカードに、シンボルが「未亡人」の♦のQが出ました。どうやらあなた以外にも彼に行為を寄せているライバルがいる様子。その人は何かと噂になりやすい派手なタイプの人でしょう。

総合的に見て、恋愛運は良好ですから恋のライバルに差をつければ、ハッピーな結末が待っているでしょう。

トランプ占い④

ハートのクイーンの恋占い

「あの人と恋人同士になれる?」など、気になる相手に対する恋の悩みに、わかりやすく答えてくれる占いです。♥のカードのみを使います。

占い方

① ♥のAからKまでの13枚のカードを用意します。

② ♥のQをあなた、年上か同い年の彼ならK、年下ならJを彼に見立ててください。それを他の11枚のカードとともに裏返して、彼のことを思い浮かべながらシャッフル&カットをします。

③ カードを表向きにして、図のように左から右へ横一列に並べます。

④ あなた(Q)と彼(JかK)の間にカードが何枚入っているかチェックしましょう。

101ページを参照しながら、間に入っているカードのシンボルと意味を1枚ずつ見ていきましょう。あなたへのアドバイスや、恋の行方を物語っています。

【間が0枚(隣り合わせ)】恋の成就はもう目の前!

【間が1〜3枚】あなたからアプローチすれば、恋がかなう可能性大!

【間が4〜7枚】気持ちを伝えるには時期尚早。彼をじっくり観察して作戦を練りましょう。

【間が8枚以上】残念ながら恋の成就は難しいかもしれません。

鑑定例

年上の彼が気になっています。両思いになれますか？

結果

質問者のカードであるQと、彼のカードであるKの間には、Aと7と5が入っています。3枚のカードが入っているので、質問者から積極的にアプローチすることで恋の成就に大きく一歩近づけます。また、愛の実現を示す♥のAが間に入っていることから、かなり大胆なアプローチをしても大丈夫でしょう。

トランプ占い⑤

十二の星の時計占い

「運命の人に出会う時期は?」「いつ頃結婚できますか?」「つき合っている人とゴールインできるのはいつ?」などのように、未来の恋の行方や結婚の時期を占います。特定の相手がいなくても答えを教えてくれます。

占い方

① ジョーカーを除く52枚のカードを用意します。

② カードをシャッフル&カットして裏返したまま、図のように時計の文字盤を描くように1時から12時まで、1枚ずつ右回りに置いていきます。これを4回繰り返し、各時間の場所に4枚ずつカードの山を作りましょう。

③ 手元に残った一番上のカードを1枚めくり、出た数字と同じ時間の一番上のカードを1枚めくります。引いたカードは、その時間の一番下に入れておきましょう。
※めくった手元のカードがKなら、占い直してください。再度Kが出たら、その日は占うのをやめて別の日にしましょう。

④ ③を繰り返し、Kが出たらそこでストップ。
Kが出た位置をチェック。この時間の数字が、運命の人に出会う時期や結婚の時期を表します。Kが♥か♦なら1カ月単位、♣か♠なら1年単位として計算します。

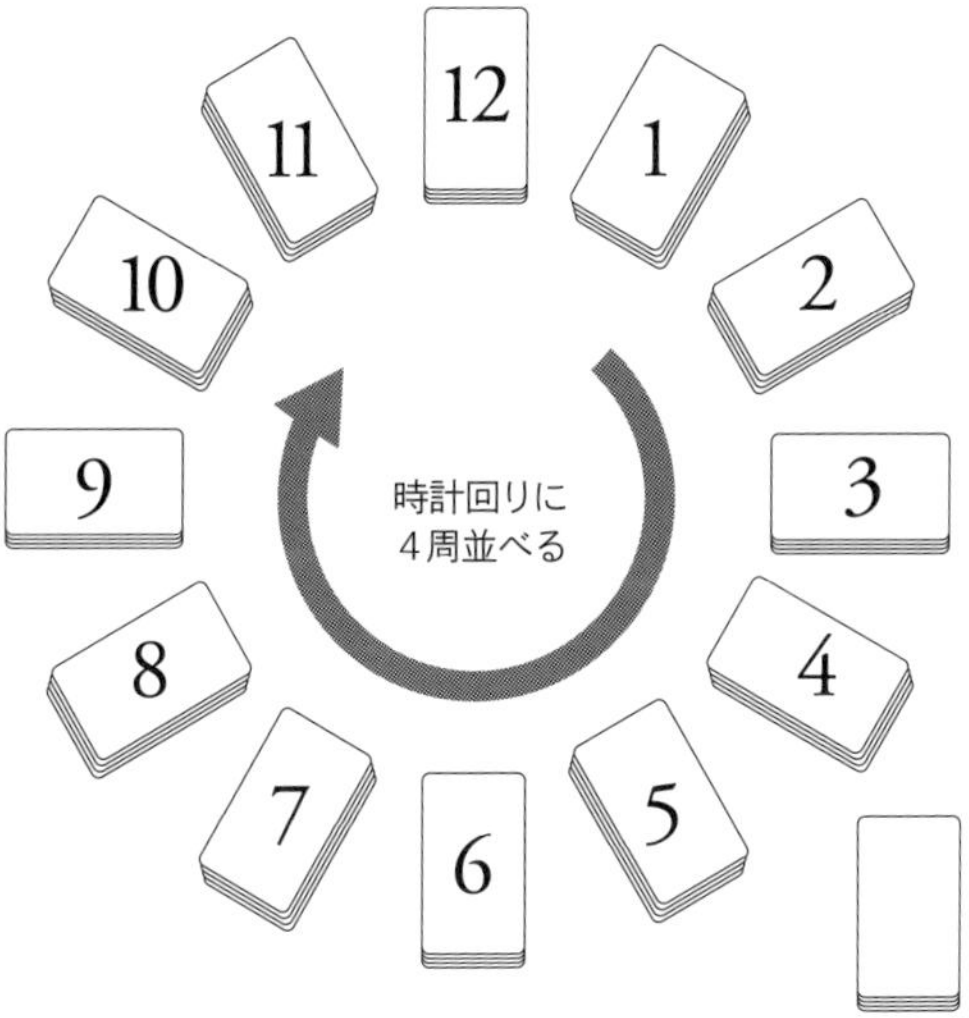

12
1
2
3
4
5
6
7
8
9
10
11
時計回りに
4周並べる

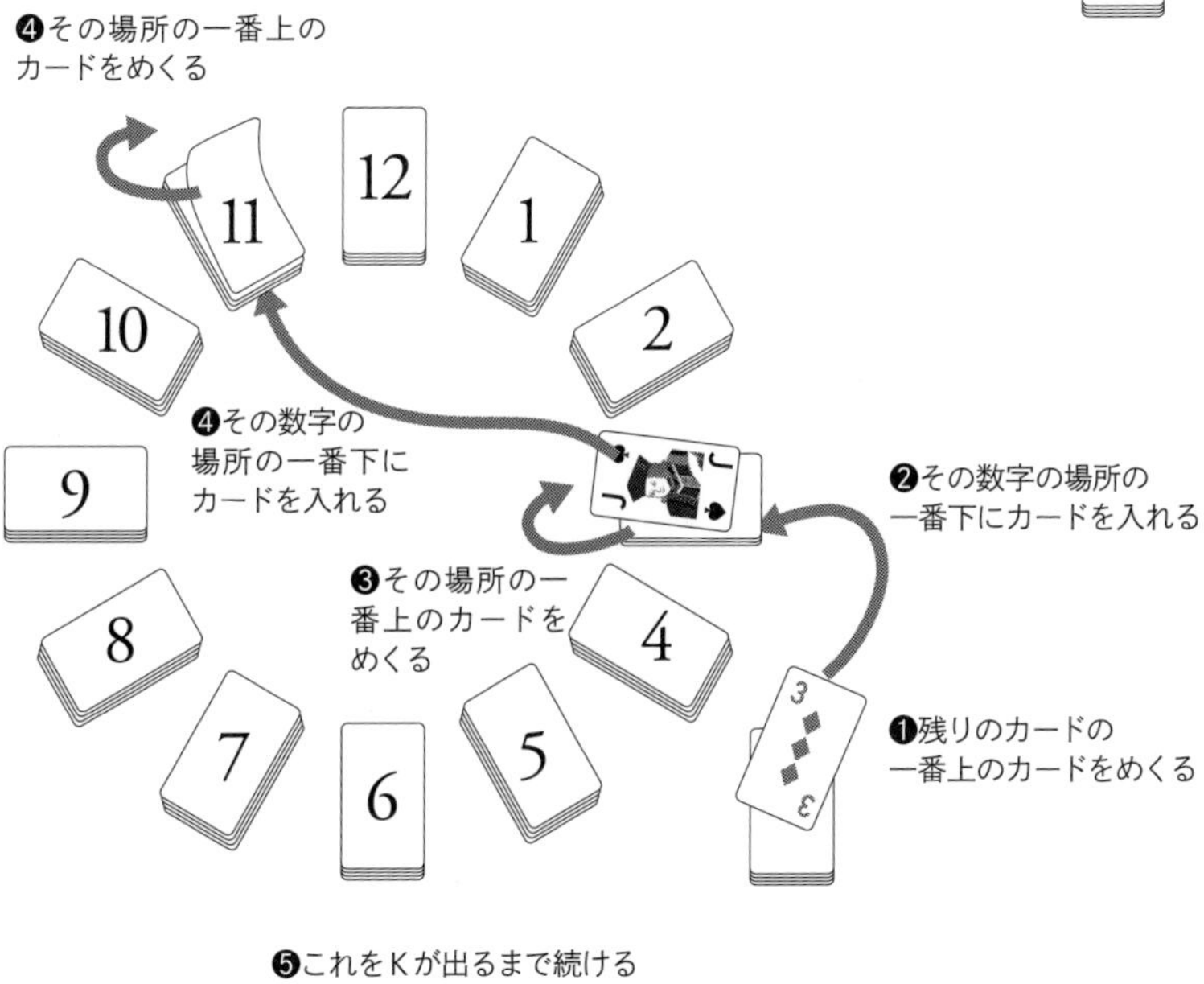

❹その場所の一番上の
カードをめくる
11
12
1
10
2
❹その数字の
場所の一番下に
カードを入れる
9
❷その数字の場所の
一番下にカードを入れる
❸その場所の一
番上のカードを
めくる
8
4
7
6
5
❶残りのカードの
一番上のカードをめくる
❺これをKが出るまで続ける

鑑定例

いつ頃、どんな人と結婚できますか？

結果

4時の位置に♣のKが出ました。質問者が結婚できるのは「4年後」となります。♣が表すような、明るく誠実な熱血漢タイプを心から愛するでしょう。

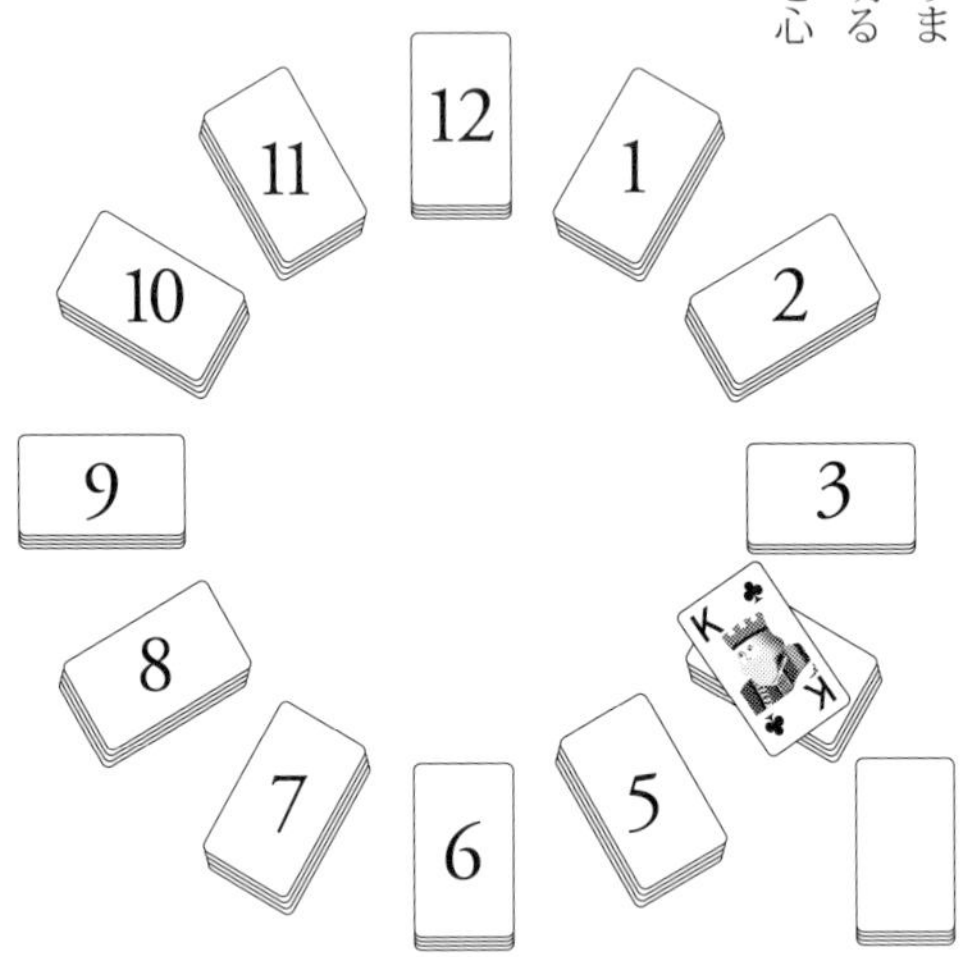

出たKのマークから、運命の相手や結婚相手のタイプを知ることもできます。101〜104ページを参考に、人物像のイメージをふくらませましょう。

♥のK

優しさ溢れる愛情豊かな人物。家庭を大事にしてくれますが、ちょっぴり嫉妬深いのでご用心。星座のイメージでいえば、蟹座、蠍座、魚座タイプ。

♦のK

経済観念がしっかりした、堅実で実直なエリート。しっかり者で安定した家庭になりそう。星座のイメージでいえば、牡牛座、乙女座、山羊座タイプ。

♠のK

美意識が高くて都会的、クールなタイプ。頭の回転が速く、おしゃれな家庭を築けるでしょう。星座のイメージでいえば、双子座、天秤座、水瓶座タイプ。

♣のK

アクティブな情熱家。自分の感情に素直で自己中心なところはありますが、誠実で家庭を大事にします。星座のイメージでいえば、牡羊座、獅子座、射手座タイプ。

8 ダウジング

そもそもは、
動きをみて、水脈や鉱脈をさぐる占いだった！
好きな人の気持ちや仕事や将来についても
たしかな答えを告げてくれます

8 ダウジング

~紀元前六世紀にルーツが。水脈を見つける占法だった!

手にした振り子が答えを導く!

ダウジングとは、古来、地下深く眠る水脈や鉱脈を見つけるために編み出された占法の一つです。その歴史をさかのぼると紀元前六〇〇〇年頃からすでにルーツがあったとされ、二股に分かれた棒を持ちながら、何かを探して歩く人の様子が壁画に描かれています。

やり方はあつかう地方や人々によってさまざまですが、手に振り子を持ち、その揺れ動きを見て占う方法が一般的です。振り子さえあれば、誰にでも簡単に占えてしまうところが、ダウジングの魅力でもあります。

ダウジングでは、さまざまなことを占えます。もっともポピュラーなのは、昔の人が水脈や鉱脈を発見したようになくしものや探しもののありかを見つけること。それ以外にも仕事や将来について、好きな人の気持ち、二者択一で悩んだときなど、慣れてくればありとあらゆることを占えるでしょう。

振り子が揺れるだけで、なくしものや人の気持ちまでわかってしまう、これはとても不思議なことです。目には見えない何者かが、振り子を通して私たちを導いてくれるからでしょうか。あるいは、問いかけたあなた自身の心の奥底にすでに答えがあり、それを振り子という道具が引き出してくれるためでしょうか。その理由は、今もなおわかっていません。

しかし、ダウジングを用いて実際に水脈や鉱脈を発見する人々や、心の悩みを解決したり病気の治療法を見つけたりする人々が世界中に存在していることは、ダウジングのもつ不思議な力の証明とも考えられるのではないでしょうか。少なくとも、その力を信じて振り子を手にした人なら誰しも、ダウジングを行う能力を秘めているといえるのです。

本書では、「なくしもの」を見つける方法を例に、ダウジングのやり方をレクチャーします。

用意するもの

振り子（身近なもので代用できます。五円玉に糸を通したものなど）。

ダウジング前のエクササイズ

できるだけ静かな場所で、何も置いていないテーブルの上で行います。テーブルの上で垂直になるように振り子を垂らし、振り子が完全に止まるまで待ちます。

意識を集中し、「私は人間ですか？」「私は女ですか？」といった、確実にYESと答えられる質問を思い描きます。質問は声に出してもOK。しばらくすると振り子が動き出します。右回り、左回り、縦にまっすぐ、横にまっすぐなど人によって異なりますので、その動きがはっきりとわかるようになるまで何度もYESの質問を繰り返しましょう。

YESの動きがわかってきたら、続いてNOの質問を思い描き、NOの動きがわかるまで繰り返します。このようにYESとNOの動きが自分の中ではっきりとわかるようになった頃には、振り子に慣れているでしょう。

【ダウジングの手順】

①心を落ち着かせ、振り子を手に持ってなくしものを思い浮かべます。最初は、確実に家の中にありそうなものから始めてください。「私の部屋にありますか?」というようにリビング、キッチン、風呂場など、家中の部屋について一つずつ質問します。

②YESと出た部屋に行き、そこに本当にあるかもう一度尋ねます。NOと出た場合、最初からやり直します。YESと出たら、次にその部屋を四等分し、その中のどこにあるかを尋ねます。

③こうして、少しずつ尋ねる範囲を狭めていきます。最後になくしものを見つけられたら成功です。

【ダウジングのコツ】

★何度も行い、振り子を完全に信用できるようになりましょう。

★最初に心を落ち着け、集中しましょう。

★自分の思い通りに振り子を動かさないようにしましょう。

★振り子がYESでもNOでもない動きをした場合、質問の仕方を変えてみましょう。それでもはっきりしない動きなら、答えが「多分」か「わからない」場合です。

【ダウジング能力の磨き方】

慣れてきたら、以下のダウジングに挑戦しましょう。あなたのうちに眠る不思議な力が磨かれるはずです。

●世界地図の上で行う

「国連加盟国ですか?」「石油産出国ですか?」などの知識問題を問います。世界地図の上で、はたして正しい答えが導き出されるでしょうか。

●手作りの質問の上で行う

意中の人の気持ちを占います。「好き／気になる／どちらでもない／好みではない／興味なし」などと書いた紙を用意し、振り子の動きを確認しましょう。

●広告チラシの上で行う

「今の自分にとって必要かどうか」を尋ね、チラシの上で振り子がどのように動くのかを確かめましょう。本当に必要なものが見極められるはずです。

COLUMN 3

「手相占い」は「西洋手相術」が輸入されたもの

〜指と対応する惑星が指導力や金運など教えてくれる！

今の日本でよく知られている「手相占い」は、東洋の占いのようなイメージが強いかもしれませんが、実際には西洋の手相術が輸入されたもの。「生命線」「頭脳線」「結婚線」などといった、馴染み深い手相の用語は、西洋手相術の言葉を輸入、翻訳したものです。

西洋手相術は、西洋の世界観を決定づけていた占星術（占星術は十七世紀までは天文学と不可分でした）の強い影響下に、ルネサンス時代に発達します。手のひらの部位や指に惑星や星座が配当されるようになったのです。

とくに重要なのは指と惑星の対応。親指は金星、人差し指は木星、中指は土星、薬指は太陽、小指は水星といった対応が確定されるようになってゆきます。この図はルネサンスごろに描かれた、手と惑星や星座の対応を示すもの。

木星である人差し指のつけ根にリングがあれば、それは神々の王ジュピターのごとく人を指揮する能力がある、とか、商売の神様である水星マーキュリーに向かっていく線があれば金運がある、光り輝く太陽神アポロンの指である薬指に向かう線が強いと人気運がある、といった解釈が作られていくようになっていったのでした。

ですから、占星術の知識があれば、手相を学ぶのがぐっと楽になるかもしれませんね。

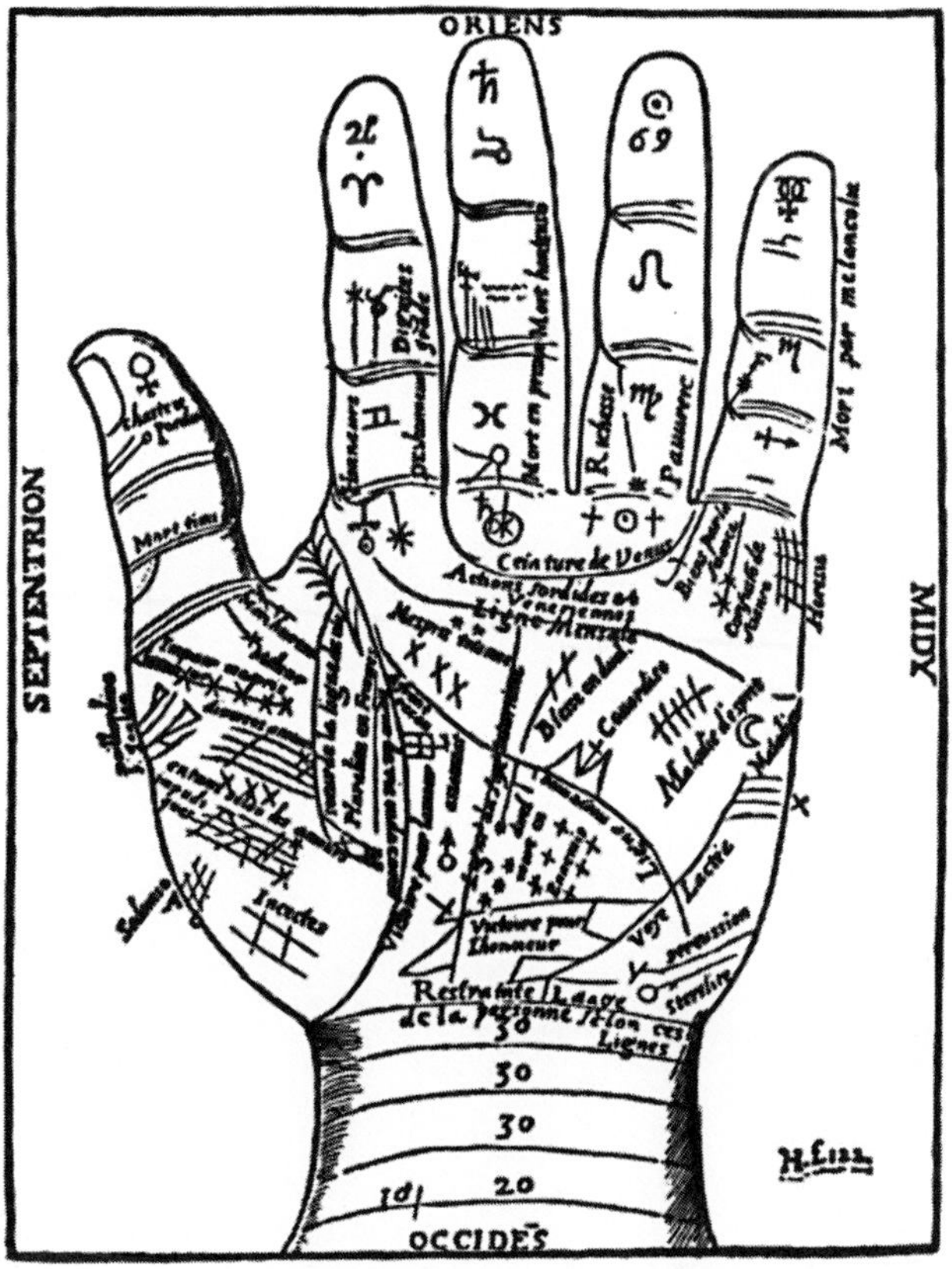

手と惑星や星座の対応を示すもの。ルネサンス時代に描かれた

参考資料

『大幸運トランプ占い』 鏡リュウジ／学習研究社 1994
『ひみつの占い』 鏡リュウジ／小峰書店 1993
『スタジオ・ボイス』 5月号／インファス 1998
『sweet 特別編集占いBOOK 2017下半期』／宝島社
『sweet 特別編集占いBOOK 2018』／宝島社
『sweet 特別編集占いBOOK 2014下半期』／宝島社
『鏡リュウジの占い大事典』 鏡リュウジ／説話社 2013
『神秘ルーン タロット占術』 鏡リュウジ／学習研究社 2000
『ひみつのルノルマン・オラクル』 鏡リュウジ／夜間飛行 2014
『大地からの16の神託 ジオマンシー占い』 高橋桐矢／説話社 2018
『世界占術大全』アルバート・ライオンズ著 鏡リュウジ監訳／原書房 2002
"Complete Manual of Occult Divination" Grand Orient (pseudonym of A. E.Wait) ／ University Books 1972
"World Atlas of Divination" John Matthews ／ Headline Book Publishing 1994

著者紹介

鏡リュウジ（かがみ・りゅうじ）

翻訳家、心理占星術研究家。
1968 年京都府生まれ。
国際基督教大学大学院修了。
英国占星術協会会員。
著書に『鏡リュウジの占い大事典』（説話社）、
訳書に『ユングと占星術』（青土社）など多数。

鏡リュウジの占い入門6

鏡《かがみ》リュウジの世界《せかい》のひとり占《うらな》い

発行日　2018年10月29日　初版発行

著　者　鏡リュウジ
発行者　酒井文人
発行所　株式会社説話社
〒169-8077 東京都新宿区西早稲田1-1-6
電話／03-3204-8288（販売）03-3204-5185（編集）
振替口座／00160-8-69378
URL http://www.setsuwasha.com/

デザイン　染谷千秋
イラスト　三村晴子
編集担当　酒井陽子
編集協力　酒井美文・岸本麻子

印刷・製本　中央精版印刷株式会社

ISBN 978-4-906828-48-7　C 2011